# Le manuel pratique du Chamanisme

**Dans la même collection :**

*Le manuel pratique de l'Astrologie*, de Tanaaz Chubb

Titre original : *The Ultimate Guide to Shamanism*
Publié pour la première fois en anglais par Fair Winds Press, une marque du groupe Quarto


Traduit de l'anglais par Sarah Idrissi

ISBN : 978-2-85327-784-6



www.editions-tredaniel.com
info@guytredaniel.fr
www.facebook.com/editions.tredaniel
@vegaeditions

Imprimé à

MIXTE
Papier issu de sources responsables
FSC™ C008047

Rebecca Keating

# Le manuel pratique du Chamanisme

## DÉCOUVREZ LES RITUELS, CÉRÉMONIES, ET SOINS CHAMANIQUES

Éditions Médicis
19, rue Saint-Séverin
75005 Paris

# Sommaire

# Note de l'auteure

En vous engageant dans le chamanisme, vous vous alignez aux forces éternelles du cosmos les plus puissantes et anciennes. Vous vous connectez à votre essence vraie et au monde invisible qui vous entoure. Sur votre chemin, vous connaîtrez des initiations, à mesure que vous déferez des couches/strates et entrerez dans vos dons, votre conscience supérieure et votre expression pleine. Bien que ce livre sur le chamanisme s'adresse aux débutants, ces pratiques sont puissamment transformatrices et doivent être pratiquées avec une intention sincère.

Je me suis souvent demandée pourquoi j'écrivais ce livre. En tant que femme s'identifiant comme blanche dans cette vie-ci, j'ai vécu de nombreuses vies dans de nombreux rôles : je me suis incarnée dans diverses ethnies et j'ai été guérisseuse, femme-médecine et chaman plusieurs fois. Les pratiques chamaniques m'ont permis de guérir et transcender les historiques de maltraitance et de séparation. Au cours de mon parcours dans le chamanisme, j'ai découvert que l'une de mes blessures les plus profondes est la peur de la connexion, et ma guérison m'a permis d'accéder à l'un de mes plus grands dons, celui d'unifier les communautés.

La pandémie mondiale et les manifestations contre le racisme et pour les droits des peuples indigènes ont fait remonter tant de choses. En écrivant ce livre, j'ai compris que tout cela devait être reconnu, honoré, guéri pour que l'humanité progresse vers une relation juste. Mon projet d'écriture était en partie de contribuer à cette guérison. Lorsque nous nous transformons, nous transformons le monde : je crois que cette sagesse est pour tout le monde et n'appartient à personne. Ma prière est d'apporter la guérison et la réconciliation à notre famille indigène dans cette vie et dans toutes les autres. Car nous sommes tous connectés et unis, nous formons une communauté mondiale faite pour être unie.

Dans ce livre, je vous propose une variété de pratiques dans l'espoir que vous trouviez ce qui vous convient et qui fonctionne pour vous. Quand cela fait du bien, cela vient du cœur. Ma prière est que vous accédiez à la sagesse de votre âme.

Bénédictions, Révérence et amour A'HO Rebecca Moonlight Owl

# Partie I

# HISTOIRE ET PRINCIPES DU CHAMANISME

# 01
# Origines et histoire

**Depuis la nuit des temps, l'appel de l'esprit invisible universel est présent dans nos cœurs. Le chamanisme a des racines profondes dans ce que les yeux ne voient pas, naviguant parmi les forces naturelles et surnaturelles de notre planète et du cosmos. Il repose sur le savoir que l'on fait partie de quelque chose qui dépasse les cinq sens – que l'on est en contact permanent avec le champ énergétique universel, source d'informations, de conseils, de guérison et de pouvoir personnel.**

La connexion aux mondes invisibles existe dans toutes les cultures, ethnies et langues, et le chamanisme s'est transformé au cours des millénaires pour répondre aux besoins de la communauté. Considérée comme l'une des plus anciennes formes de guérison sur Terre, elle vise à nous relier à la source même de notre création. Le rôle d'un chaman peut être celui de mystique, guérisseur, médecin, prêtre/prêtresse, psychothérapeute, conseiller, conteur et gardien de la sagesse ancienne. Il fait partie intégrante du tissu de l'humanité, qui s'étend sur tous les continents, et il conserve encore aujourd'hui toute sa pertinence dans notre société.

## Histoire du chamanisme

Le chamanisme est une tradition ancienne qui traverse les civilisations, les continents et les pays. Cette pratique est aussi vieille que l'humanité elle-même ; elle existe depuis que nous existons. Le chamanisme est apparu dans les sociétés de chasseurs-cueilleurs à l'époque du paléolithique, et des traces de leurs dessins dans des grottes et de leur utilisation rituelle d'os d'animaux ont été retrouvées.

Les anciens croyaient que tous les objets animés ou inanimés étaient vivants, et doués d'un esprit et d'une conscience individuels. Ces idées fondamentales ont perduré, alors même que l'humanité évoluait vers des communautés plus axées sur l'agriculture et l'élevage.

Historiquement, le terme de chaman vient de la tribu d'éleveurs parlant le toungouse en Asie du Nord. Il décrivait les guérisseurs traditionnels, femmes et hommes-médecine de Sibérie et de Mongolie. Il provient du mot *šaman* et du verbe *ša*, qui signifie « savoir » et peut se traduire par « celui qui sait ».

Au cours de l'histoire, les chamans étaient des femmes et des hommes d'âges divers. Les chamans étaient très respectés au sein de la tribu et ils prodiguaient conseils et soins aux individus et à la communauté.

D'un point de vue anthropologique plus occidental, le chamanisme s'est étendu à l'utilisation rituelle de certaines pratiques dans le cadre d'une cérémonie. Celles-ci offrent un cadre formel et respectueux dans lequel on peut honorer et communiquer avec les esprits auxiliaires et les ancêtres. Les différentes tribus indigènes du monde entier ont en commun nombre de ces rituels et pratiques.

Les pratiques chamaniques se retrouvent dans un grand nombre de régions géographiques, notamment en Amérique centrale, en Asie centrale, en Méso-Amérique, en Amérique du Nord subarctique, en Europe, en Sibérie, au Japon, en Corée, en Chine, au Népal, au Bhoutan, en Égypte, au Tibet et en Indonésie. Le chamanisme existe également dans certaines cultures indigènes d'Australie et d'Afrique.

Chaque culture a créé son système propre, basé sur sa compréhension unique du monde qui l'entoure et la préservation des savoirs ancestraux. La plupart de ces traditions n'étaient pas écrites, mais transmises oralement de génération en génération. Beaucoup de guérisseurs indigènes ne s'identifient pas aux chamans. Ils emploient des termes propres à leur culture, tels que curandero (Amérique centrale et du Sud), paqo (Pérou), naguals (Mexique), kahuna (Hawaï), angakok (Inuit) ou manang (Bornéo).

Au fil des siècles, bien des structures gouvernementales et religieuses ont voulu éradiquer ou diaboliser le chamanisme – mais il a perduré. Sûrement parce qu'il est profondément terrestre et humain.

## Qu'est-ce que le chamanisme ?

Selon le chamanisme, tout dans l'univers est interconnecté, comme une toile ou une tapisserie fine, et le sentiment de séparation n'est qu'illusion. Cela permet de vivre avec un cœur ouvert, avec la conscience d'être connecté à tout ce qui est sacré.

Le chamanisme reconnaît que vous êtes un esprit qui habite un corps physique. Vous êtes ici pour apprendre, grandir et vous épanouir. Vous avez fait l'expérience de nombreuses réalités, dimensions et durées de vie, chacune vous fournissant ce dont votre âme a besoin pour sa croissance et son évolution. La majeure partie de l'humanité vient au monde en oubliant cela.

Le chamanisme vous guidera vers la guérison des blessures et traumatismes du passé, le rappel de vos dons et de votre vraie nature.

Le chaman est une figure importante de la communauté, qui peut tenir des cérémonies au nom du collectif pour accueillir les venues au monde et bénir les mariages et les partenariats. Dans de nombreuses cultures, des rituels célèbrent les étapes clés de la vie, telles que le passage de l'adolescence à l'âge adulte. Le chaman offre son écoute et donne un espace aux mourants. Il les guide afin qu'ils soient en paix avec tout ce qui n'a pas été résolu dans leur existence. Il les aide à quitter leur corps physique et les escorte en conscience, alors que leur âme passe de l'autre côté. Un chaman soutient aussi ceux qui ont perdu un être cher et les aide à faire leur deuil en paix et à trouver du réconfort. Ses autres fonctions essentielles sont le nettoyage de l'espace et la protection des terres et des maisons. Il utilise la divination pour prédire les événements futurs et le temps qu'il fera.

Le chamanisme n'est pas une pratique religieuse et ne possède aucun dogme. C'est un mode de vie accessible à tous, indépendamment des origines, du statut économique ou de la culture. Pas de règles à suivre, pas de textes à mémoriser ou à répéter, et pas de divinité à adorer. Au contraire, il est fondé sur une expérience pratique et personnelle. Cette voie est profondément ancrée dans le monde naturel, centrée sur la révélation directe.

Les chamans ne sont pas en scène pour accomplir des rituels, tandis que le reste d'entre nous regarde passivement. Leur travail nous apprend à nous confronter aux forces universelles qui nous entourent, visibles et invisibles, afin que nous puissions être autonomes dans notre propre vie. Les chamans s'efforcent d'être un exemple vivant de l'interaction et de la réciprocité sacrées entre les humains, le monde naturel et le monde des esprits.

## Le chamanisme comme pouvoir personnel

On cherche toujours à en savoir plus sur soi-même. Le chamanisme vous permet d'accéder à votre nature intérieure – ce qui est vrai et juste pour vous – et, par cette connexion, vous trouverez votre pouvoir personnel. Le pouvoir au sens chamanique est votre faculté de diriger les énergies universelles vers un bien supérieur. Le pouvoir personnel est sacré, et n'a rien à voir avec la manipulation ou le contrôle. C'est la partie la plus profonde en vous qui n'a ni attache, ni titre, ni réalisation extérieure prouvant un quelconque statut.

Ce pouvoir est également basé sur la réciprocité. La capacité d'un chaman à manœuvrer et à influencer les forces invisibles du cosmos repose sur le maintien de l'équilibre et de l'intégrité dans tout ce qu'il fait. C'est un code de conduite qui témoigne de la vénération et du respect. La nature réagit. Par exemple, s'il y a réciprocité, les besoins d'une communauté seront satisfaits : de la nourriture, un abri et de l'eau pour tous ses membres. À cause de déséquilibres, une tribu peut être confrontée à des catastrophes naturelles, au manque de nourriture ou d'eau, ou aux conflits. Car les dons reçus des mondes visibles et invisibles qui nous entourent sont l'expression et le résultat direct de la façon dont nous honorons ce pouvoir personnel.

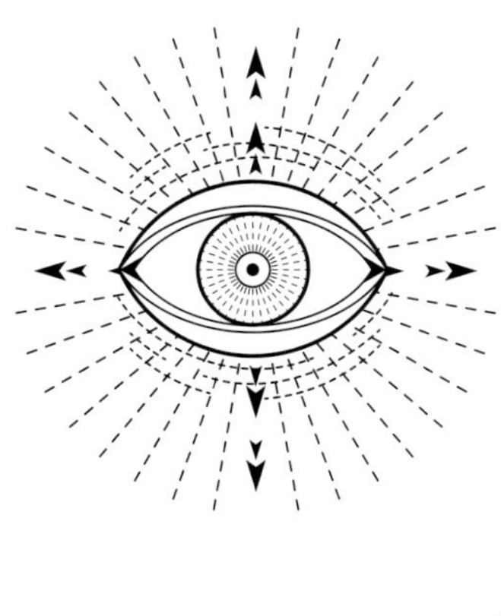

# La différence entre chaman et praticien chamanique

Un chaman est généralement choisi comme guérisseur ou leader par la communauté. Il aura prouvé ses compétences, et a été formé et initié par un maître chaman. Cela peut exiger des années, voire des décennies de pratique, selon les coutumes ou traductions spécifiques.

Un chaman traditionnel peut être choisi de plusieurs manières :

» par la lignée : des ancêtres ont eu ce rôle ;

» par une expérience traumatique, avoir été foudroyé ou avoir survécu à une maladie grave ;

» par une pratique intensive d'initiation telle que définie par la tribu ;

» par la mise en évidence de talents ou de compétences personnelles.

Un praticien chamanique participe à des rituels, mais n'a pas forcément reçu de la communauté l'autorisation d'exercer le rôle de chaman. Il peut aussi avoir été formé selon une tradition ou avoir reçu une initiation spécifique par ses ancêtres et les esprits alliés. Il est approprié et acceptable de demander à un praticien chamanique de qui, quoi et où il a reçu sa formation. Par respect, certains praticiens chamaniques choisissent de ne pas se donner le nom de chaman.

## INITIATION CHAMANIQUE

Dans le chamanisme, une initiation est une expérience qui nous fait sortir de notre zone de confort et nous emmène dans un royaume inconnu. C'est le processus qui bouleverse notre réalité, qui détruit nos croyances et les reconstruit. L'initiation nous fait mourir spirituellement dans nos anciennes façons d'être au monde et renaître grâce à une transformation totale.

Elle peut nous confronter à certains événements difficiles. Et notre résistance amplifie ces défis : plus nous nous accrochons à nos anciennes façons d'être, plus nous résistons au changement, plus il devient difficile de voir la lumière à travers l'ombre.

Lorsque l'on vit une expérience douloureuse, on n'en connaît jamais le résultat. Il peut donc être très difficile de s'abandonner et de faire confiance au processus. Au cœur de la souffrance et des traumas, cependant, nous devons apprendre à composer avec ce qui est : accepter l'inconfort, ressentir les émotions qui surgissent et les laisser passer à travers nous.

L'initiation est un catalyseur qui nous permet d'aller au plus profond de nous-mêmes, dans des parties qui ont été réprimées afin de les nettoyer et de les libérer. Grâce à l'initiation, on se connecte profondément à soi-même, à son esprit et à sa guidance intérieure. Cette connexion fait place à une force méconnue de la plupart d'entre nous : la force de résister à l'inimaginable, qui nous fait cadeau de la croissance de l'âme. La confiance, l'abandon et un regard différent sur les événements sont les clés du processus d'initiation.

## Faire le lien entre sagesse ancienne et temps modernes

Les anciens chamans savaient que pour comprendre les mystères de l'univers, ils devaient être connectés à la nature. Bien des traditions millénaires incorporaient le monde vivant dans leurs rituels. Ils remerciaient leur terre pour sa nourriture et ses remèdes par des cérémonies. Ils chantaient, dansaient près du feu au clair de lune, ornaient leur tête et leurs maisons de fleurs et de pierres pour célébrer et honorer la grande sagesse de Gaia.

Aujourd'hui, notre connexion aux sagesses anciennes et à la Terre Mère est rompue. Nous nous sommes distanciés de la nature, en vivant dans des villes aux petits espaces verts et à l'air pollué. En Occident, notre désunion est encore plus grande, car on traite le corps, la tête et l'esprit comme des entités dissociées. On gère les symptômes plutôt que les causes. On est tendu et vidé d'avoir à en faire toujours plus. On est sous pression de suivre les progrès technologiques et la mondialisation.

Et pourtant, plus le progrès et la vie moderne semblent s'accélérer, plus on ressent le besoin de se connecter – parce que l'on sait qu'il manque quelque chose.

Le chamanisme a survécu aussi longtemps parce qu'il évolue naturellement selon les besoins de la population. Sa sagesse est intemporelle et fluide. Il attire parce que son essence est l'étude du moi intérieur et de notre lien à l'environnement. Il vise à nous aider à développer notre conscience humaine pour nous harmoniser avec le monde naturel.

Le chaman active la connaissance intérieure qui permet d'explorer et de faire ressortir notre nature véritable et sans limites. Si le chamanisme connaît une renaissance, c'est en partie parce que nous réalisons combien c'est essentiel : nous voulons mieux nous comprendre, nous sentir connectés aux autres et trouver un but. Nous avons l'intuition qu'il y a plus. Ces pratiques anciennes conduisent vers une sagesse profonde. Elles peuvent vous soutenir face aux défis de la vie moderne et vous aider à retrouver votre relation à la Terre Mère et votre conscience supérieure.

## Évoluer avec le temps

Aujourd'hui, beaucoup de pratiques chamaniques utilisent les outils, le langage, les symboles et les métaphores que le monde moderne connaît. Ainsi, de nombreuses cultures indigènes ont cru pendant des milliers d'années que nous venions des étoiles. Aujourd'hui, l'astrophysique le confirme. Tout ce qui a changé, c'est notre langage scientifique. Nous comprenons mieux ces concepts connus des chamans depuis des milliers d'années en nous appuyant sur le cadre scientifique moderne pour les expliquer.

Il est vrai que nous ne faisons pas de cérémonies près d'un sommet ou d'une mer qui gronde, ni de grands feux avec toute notre tribu. Et pourtant nous pouvons sentir le chamanisme en notre for intérieur. Créer un autel sacré dans notre maison dédié à la pratique spirituelle. Allumer une bougie pour transformer notre énergie et saluer un ancêtre. Rendre hommage à la Terre Mère en portant une pierre ou un cristal trouvé dans notre jardin ou près d'un point d'eau. Ce sont des moments d'engagement fort.

En adoptant et modifiant nos rituels et nos outils, nous faisons entrer la vieille pratique du chamanisme dans ce monde moderne. Même si vous vivez dans une jungle de béton sans nature, vous pouvez toujours rentrer en vous-même et voyager vers elle. Le chaman intérieur vit en vous.

## Comment utiliser ce livre

Ce livre vous guidera dans la mise en place de pratiques chamaniques traditionnelles et modernes dans votre quotidien. Il ne vous apprendra pas à devenir chaman, mais il vous fournira les outils et les méthodes qui vous aideront à accéder à votre esprit intérieur et à votre sagesse pour vous développer, grandir et guérir afin que vous viviez la vie dans son entièreté. Cela vous permettra de trouver et d'utiliser vos véritables dons. Par cet accès à la source de connaissance au sein de votre conscience supérieure, vous pourrez découvrir le but de votre existence et atteindre des niveaux de conscience plus élevés, voire l'illumination.

En retrouvant ces pratiques oubliées depuis longtemps, on peut faire le lien entre savoir scientifique et esprit du sacré. Quelque chose en vous aspire à se connecter au plus profond de votre histoire et votre humanité. Le chamanisme est un mode de vie pour ceux qui répondent à cet appel.

Dans ce livre, vous trouverez des exercices pratiques et modernes qui intègrent des outils précieux issus du monde environnant – cristaux, herbes, pierres, huiles essentielles et fleurs. Vous pouvez réaliser la plupart de ces rituels, cérémonies et méditations chez vous ou dans la nature. Lisez les instructions et appliquez-les à votre rythme. N'oubliez pas que l'élément clé du chamanisme c'est votre intention, et votre énergie.

En définitive, il est question de la quête personnelle de votre esprit, des mondes invisibles et du chaman qui sommeille en vous. Ce livre peut vous aider à accéder à ces états non ordinaires et à ces royaumes spirituels. L'énergie universelle de la force vitale est à la portée de tous, pas seulement de quelques élus. Par une pratique assidue et un cœur ouvert, vous commencerez à vivre les principes chamaniques dans votre vie quotidienne.

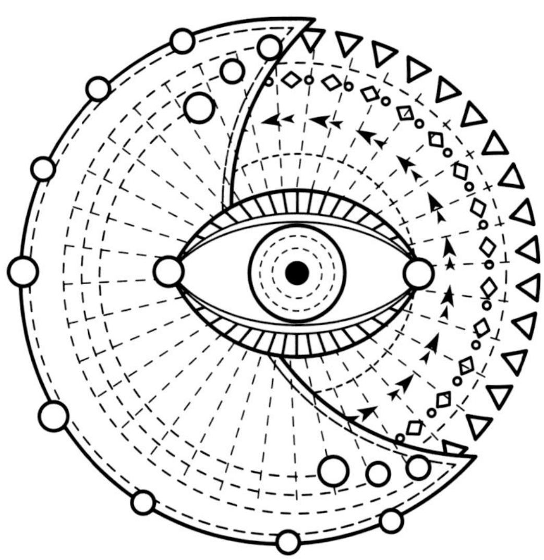

# 02
# Le chamanisme de l'ère moderne

**L'image de l'homme primitif et isolé, doué de mystérieux pouvoirs, vivant caché dans la forêt est désuète. Le chaman moderne s'appuie toujours sur les sagesses anciennes pour inviter les transformations chez l'individu ou la communauté, mais ses méthodes et le contexte ont changé. Les fonctions essentielles d'un chaman sont l'engagement et l'interaction directe pour permettre ces changements et nos représentations évoluent pour correspondre aux attentes modernes.**

Selon la tradition, un chaman s'habillait en grande tenue, avec des robes colorées ou des coiffes élaborées et des plumes. Aujourd'hui, ces porteurs des coutumes ancestrales sont souvent vêtus simplement. Dans leur vie quotidienne, ils ressemblent beaucoup à chacun d'entre nous, car le chamanisme s'est adapté, devenant plus accessible aux citadins modernes. Ces changements lui permettent de rester pertinent dans l'environnement social, économique et culturel actuel. Si le rôle principal du chaman est de servir la communauté, il doit aller là où se trouvent les gens.

Selon les praticiens, le chamanisme peut être lié à une culture ou un lignage spécifique. Les chamans recourent généralement aux méthodes les plus efficaces et les plus commodes qui ont fait leurs preuves. On observe aussi des fusions de traditions ou de pratiques qui répondent à la culture moderne ou à un groupe particulier. Par exemple, le système hindou des chakras est employé dans de nombreuses autres traditions ou cérémonies.

Le rôle du chaman moderne est de trouver des vérités qui viennent de l'intérieur. Nous les recevons de notre conscience supérieure, par le biais de notre intuition. Nous pouvons nous tourner vers nos aînés pour qu'ils nous guident en nous rappelant qui nous sommes vraiment et comment nous connecter à nouveau avec Mère Nature.

Quand la frénésie de notre monde nous dépasse et nous perd, nos ancêtres indigènes nous rappellent comment puiser directement à la Source universelle. Cette sagesse est innée, propre à chacun de nous, et même si un chaman peut nous montrer la voie, en définitive, notre expression chamanique individuelle est unique, comme une œuvre d'art. Nous apprenons à cocréer une vie et un monde harmonieux. Le chamanisme moderne a une place pour chacun de nous.

# Les bienfaits du mode de vie chamanique

Au cœur du chamanisme, il y a la reconnaissance que nous ne formons qu'un. Nous faisons partie intégrante d'un univers intelligent, visible et invisible. Ce principe donne un plus grand sens à notre vie. Nous ne sommes pas dissociés de Mère Nature – elle a autant besoin de nous que nous d'elle. Lorsque nous comprenons cela, nous savons que nous ne sommes pas seuls.

L'intégration des principes chamaniques dans votre quotidien peut vous procurer plus de paix et de stabilité.

À l'ère moderne, où l'anxiété et la dépression sont répandues, accéder à votre vitalité et à votre pouvoir personnel peut avoir un effet positif sur votre santé : le système immunitaire se renforce, les dépendances disparaissent et votre connexion à la Source universelle est plus forte. Même vos relations avec votre entourage peuvent en bénéficier. Lorsque vous voyez le sacré en tout, vous agissez et entretenez vos relations différemment. Il n'y a pas de séparation entre les éléments de la nature. C'est une puissante réalisation d'unité et d'intégration.

Le mode de vie chamanique est un mode de vie qui donne du pouvoir. Il vous enseigne à vous connecter à vous-même en tant qu'autorité spirituelle la plus intime. Nul besoin d'un intermédiaire ou d'une figure d'autorité pour « décoder », valider ou transmettre les messages du Divin. Une vie chamanique, c'est retrouver son pouvoir, en réalisant que l'on a la capacité intrinsèque de se connecter à la sagesse divine universelle. Pas besoin de regarder à l'extérieur de soi pour obtenir des conseils spirituels ou s'élever. Nous ne choisissons plus d'ignorer notre propre savoir interne et notre sagesse supérieure au profit de quelqu'un d'autre. Nous sommes tous spéciaux, et nous sommes tous dignes – c'est notre droit de naissance.

Le mode de vie chamanique permet de renforcer la confiance et la foi en ses capacités et ses dons. En entrant régulièrement en contact avec les multiples sources d'énergie qui nous entourent, on comprend que l'on a été créé par une intelligence vaste et aimante. Nos pas se font plus fermes vers notre destinée et nos objectifs les plus élevés, car nous savons que nous sommes soutenus par les intelligences cosmiques et par notre conscience supérieure, qui est l'aspect éternel de notre être – l'intelligence qui est toujours avec nous.

# Néochamanisme et appropriation culturelle

Le concept de néochamanisme a émergé d'un besoin transculturel d'éveil et de prise de conscience, axé sur l'élévation et le bien-être individuels. Le terme est né des mouvements contestataires des années soixante et soixante-dix, à la recherche de nouvelles méthodes pour résoudre les problèmes sociaux et environnementaux. Néo, du grec *néos*, signifie nouveau, et décrit les nouvelles formes de pratiques chamaniques multidisciplinaires.

Le néochamanisme était animé en partie par un désir de reprendre la main sur la santé et la guérison, tout en rétablissant respect et révérence envers la nature. Il est une tentative de faire l'expérience du chamanisme par soi-même plutôt que par le biais d'un livre ou d'une perspective anthropologique occidentale limitée. Parmi ces expériences, on retrouve le voyage vers une réalité « non ordinaire », les phases d'extase, mais aussi des états de conscience modifiée, ou le rôle de passeur entre le plan terrestre et le monde des esprits.

Adapter ou combiner les traditions, surtout celles d'origines indigènes, peut être perçu comme de l'appropriation culturelle. La colonisation a causé des dégâts irrémédiables aux populations autochtones. Dans sa tentative de renouvellement à l'ère de la mondialisation, le néochamanisme peut donner l'impression de dépouiller les groupes indigènes de leurs marqueurs culturels, en assimilant ou en « diluant » les véritables origines de leur art.

Aucune culture existant aujourd'hui ne peut affirmer qu'elle est la source unique du chamanisme. La sagesse propre à ces traditions résonne de par le monde sur chaque continent.

De ce fait, nous voyons le chamanisme comme une pratique inclusive qui respecte et honore les traditions. Ses fondements sont la complétude et le fait de considérer chaque chose de la Terre, y compris l'humanité, comme précieuse et sacrée. Le chamanisme est à tout le monde ; l'appel de la grande Source universelle aussi.

Nous reconnaissons les blessures et les abus des siècles derniers. Le traumatisme intergénérationnel ainsi créé continue d'affecter les peuples indigènes. Même si le passé ne peut être changé, nous devons nous opposer au racisme systémique et à la désunion du présent. Unis, nous contribuons à la diffusion mondiale de ces enseignements si nécessaires. Alors que la conscience humaine grandit et s'élève au-delà de notre corps tridimensionnel et de nos sens, nous cherchons à retrouver notre unité avec tous les êtres sensibles. Ensemble, nous devons nous efforcer de faire vivre ces enseignements ancestraux, de les préserver avec respect et de les partager avec d'autres lorsque cela est approprié. Après tout, ces principes chamaniques fondamentaux ont permis à notre espèce de survivre pendant des millénaires.

Le chamanisme donne les clés pour purifier la séparation des consciences, et nos blessures et traumas collectifs. L'humanité s'éveille à l'illusion que sont la séparation et les constructions égotiques. Le pouvoir de nos cœurs donne vie à la véritable unité des consciences. Si cet art reste secret ou réservé à certains groupes, cela ne fait qu'accentuer la division. Les peuples indigènes du monde sont les gardiens de ces enseignements séculaires et, bien que de nombreux groupes aient été dépossédés de leur culture et de leurs droits, beaucoup ont généreusement partagé leur sagesse et nous devons les honorer et les respecter.

En accédant à notre capacité de guérison par la voie chamanique, nous apprenons à guérir notre lignée. L'humanité a besoin de ces enseignements universels, car ils détiennent les clés vers la prochaine étape de notre évolution individuelle et collective. Le chamanisme doit être accessible à tous. Notre tâche est de semer l'unité, et non la discorde. Tout ce que nous entreprenons vise à nous rassembler. C'est la seule façon de connaître l'harmonie, en nous et avec la Terre Mère, comme nous avons toujours été censés le faire.

Le chamanisme est une pratique de complétude, d'unité et de sainteté. Il inclut tout ce qui existe – chaque humain, chaque pierre, arbre, insecte, plante, oiseau, animal, grain de sable… le vent immatériel encore ressenti sur notre visage et les structures en béton qui nous entourent. Nous rendons hommage à tout cela. Vous êtes invité à y prendre part et à faire vous-même l'expérience du retour à la complétude.

# Trouver le chaman intérieur

On peut guérir physiquement, émotionnellement, mentalement et spirituellement en se tournant vers l'intérieur : ralentissez, trouvez un endroit paisible, connectez-vous à votre souffle et ouvrez votre cœur à l'univers. Cela permet à votre système nerveux de se calmer. Vous pourrez alors vous retrouver et ne plus vous dissocier de votre corps, votre mental et votre esprit.

Nous trouvons le guérisseur en nous lorsque nous nous abandonnons et devenons observateurs témoins. Tournez-vous vers la nature pour voir comment tout s'accomplit sans effort. Le chêne pousse au fil du temps, sans trop de difficultés ni d'efforts. Si nous acceptons de laisser faire et de ralentir, écouter les esprits qui nous entourent et dialoguer avec eux devient possible. De cette façon, nous pouvons accéder à notre conscience supérieure et à la sagesse des ancêtres pour recevoir leurs messages. La véritable guérison vient toujours de l'intérieur.

Notre corps physique et notre esprit sont de parfaits médiateurs d'un état d'équilibre et de santé optimal. Le corps est sage ; il est toujours à la recherche de l'homéostasie – sa nature est de se guérir. Notre rôle est d'éliminer tous les obstacles qui empêchent ce processus naturel de se produire spontanément. Pour cela, nous devons nous connecter à notre corps, l'apprécier et l'ancrer.

Souvent, nous nous concentrons sur notre douleur ou sur ce qui ne va pas et nous avons envie de nous battre.

Mais notre corps est un miracle. Chaque douleur nous apprend à écouter et à nous connecter plus profondément à nous-mêmes. Ces douleurs sont des signes pour attirer notre attention. Par exemple, la zone de notre nombril et de notre ventre renferme une énorme capacité à percevoir, évaluer et canaliser l'énergie. Ce que nous appelons « instinct » est un phénomène réel. Les messages qui viennent des tripes sont souvent des indices sur la manière dont nous devons traiter une personne ou une situation particulière. Comme on dit, le corps ne ment jamais. La clé est d'apprendre à faire confiance à cette capacité innée en nous et à se la réapproprier.

## Votre connexion à vous-même

Les pratiques telles que le yoga et le qi gong nous apprennent à nous reconnecter à la Terre par des mouvements simples, à l'épreuve du temps. Les cérémonies et rituels de ce livre, comme l'ancrage à l'élément terre ou la préparation d'un bain de beaux ingrédients, vous aideront également à vous reconnecter au corps.

Notre cerveau a également une grande capacité à se guérir par le biais d'images, de symboles et de répétitions. C'est pourquoi la méditation et les mantras sont si efficaces. La répétition de ces courtes phrases d'autosuggestion est un moyen simple de présenter à notre inconscient les pensées souhaitées. Il s'agit de reprogrammer les voies neuronales de notre cerveau pour générer une nouvelle histoire, une nouvelle issue et un nouveau résultat. Nous apprenons à faire taire le bavardage mental, les pensées de l'ego qui tentent de questionner et chercher du sens dans chaque circonstance ou conversation. En accueillant notre douleur et les croyances qui y sont associées, nous pouvons guérir nos émotions. Les mantras ou les affirmations visant à influencer positivement votre cerveau peuvent également vous aider à mieux atteindre vos objectifs et à réaliser vos rêves.

## Mantras et affirmations d'autoguérison

» POUR L'AMOUR DE SOI : Je m'aime et je m'accepte inconditionnellement.

» POUR LA SANTÉ : Mon corps est sage. Je suis en parfaite santé. Je suis équilibré·e physiquement, émotionnellement et mentalement. J'aime et je respecte mon corps.

» POUR L'ABONDANCE : J'attire l'abondance et la richesse sous toutes ses formes, avec facilité et gratitude.

» POUR LA CONFIANCE : J'ai confiance en moi et en mes capacités. Je suis excellent·e dans tout ce que je fais.

» POUR LA SPIRITUALITÉ : Je me connecte facilement à la grande Source universelle. Je ne fais qu'un·e avec le Créateur.

» POUR UN·E PARTENAIRE DE VIE : Je suis entier·ère et j'ai confiance en moi. Je choisis consciemment d'attirer un·e partenaire de vie qui me complète, me respecte et me soutient.

» POUR LA MISSION DE VIE : Chaque jour, je vis ma mission de vie. Le travail que je fais me remplit d'une grande joie. Je contribue à changer le monde. Mon travail est ma plus grande vocation.

» POUR LA CRÉATIVITÉ : Je puise facilement dans le flux créatif. J'ai une multitude d'idées brillantes.

» POUR L'IMAGE CORPORELLE : Je suis beau·belle. J'aime et j'accepte inconditionnellement mon corps, ma silhouette, ma peau. Je suis exactement comme mon Créateur l'a prévu. Il n'y a aucun défaut dans la réalisation du Créateur.

# 03
# Principes chamaniques

**Pour les chamans, tout est vivant et a une vibration. Les cérémonies et les rituels sont nos moyens de puiser dans le champ énergétique universel invisible. Nos cinq sens nous sont très utiles, mais ils sont aussi très limités. C'est particulièrement vrai pour la perception du temps et du continuum temps-espace. Parce que nous existons dans le temps linéaire, nous envisageons les vies antérieures et les réincarnations dans le passé lointain. Chacune des vies que nous avons vécues se déroule en ce moment même. Tout du passé, du présent ou du futur se déroule simultanément.**

Les chamans peuvent agir dans nos vies invisibles et nous aider à guérir. Faire appel au soutien et à la sagesse des ancêtres – connue également sous le nom de médecine ou guérison ancestrale – peut rétablir votre unité/complétude et votre pouvoir personnel.

## Respecter et honorer les traditions sacrées

Il faut traiter le chamanisme et ses pratiques avec respect et révérence. La sagesse qui nous a été transmise par les aînés et les ancêtres est sacrée et d'une grande valeur. Nous ne faisons qu'accéder à leurs savoirs pour aider le collectif.

Il serait extrêmement prétentieux de croire que nous sommes la source de la sagesse chamanique ; aussi, rendre hommage aux anciens est un principe chamanique fondamental. Les chamans honorent leurs ancêtres de diverses manières :

» chanter ou jouer au tambour des musiques ou chants spécifiques ;
» raconter des histoires ou « mythes » sur des ancêtres ou des expériences légendaires ;
» danser en cercle ou près du feu ;
» créer un autel ancestral et faire des offrandes de mets raffinés, de douceurs ou de boissons ;
» encadrer des représentations des anciens et les placer pour qu'elles soient visibles ;
» brûler ou enterrer des offrandes sacrées (encens, tabac, huiles essentielles, fleurs, herbes, tissus, métaux précieux ou pierres).

La plupart des traditions chamaniques ont leurs marqueurs culturels, coutumes et langues qui les distinguent. Apprenez à concilier les qualités propres à une lignée et à une tradition spécifiques tout en les intégrant efficacement aux besoins du monde moderne. Imaginez le symbole d'une tresse : bien que nous reconnaissions que chaque mèche de cheveux est unique en soi, nous pouvons également apprendre à les tisser pour former une belle natte. Cette méthode permet une intégration respectueuse, tout en valorisant l'individualité de chaque mèche.

Par exemple, certains enseignants chamaniques, bien qu'ayant été formés dans plusieurs traditions (telles que les traditions chamaniques des Premières Nations d'Amérique du Nord vs celtiques ou andines), séparent connaissances et pratiques de chaque lignée, plutôt que de les combiner. C'est un choix personnel, en fonction de la situation, de ce qu'ils ressentent dans leur cœur et souvent de ce qu'ils ont été autorisés à faire. Le principal est de prendre en compte l'intention. Peu importe ce que vous pratiquez, vous devez toujours être conscient de vos actes et de leur fondement. Tant que vous nourrissez chacune de vos pratiques du plus grand amour et respect, vous pouvez être sûr que vos actes sont parfaitement alignés et intègres.

## Cérémonie et rituel

Une cérémonie est définie comme un rassemblement structuré avec un but précis, et des coutumes et pratiques spécifiques. Elles peuvent être religieuses ou culturelles, élaborées ou très simples. Une cérémonie peut être organisée par un individu, une famille (clan/tribu), la communauté, voire une nation. Ces coutumes se transmettent au fil du temps, de famille en famille, de génération en génération. Bien qu'il puisse sembler « désuet » de parler des cercles de tambours ou des danses du feu, nous avons conservé nombre de ces pratiques similaires à l'époque moderne. Chaque fois que nous célébrons un mariage, que nous assistons à une remise de diplôme, ou que nous honorons un être cher lors de funérailles, nous participons à une cérémonie.

Les cérémonies chamaniques célèbrent les changements de vie ou de saison, et les rites de passage. Elles attirent les bénédictions et purifient l'énergie indésirable d'une personne ou d'un lieu. Pendant les périodes de transition, elles nous aident à être moins rétifs au changement, en honorant les cycles naturels de la vie. Lorsque nous libérons ce qui doit être relâché au lieu de nous y accrocher, nous faisons de la place pour le renouveau.

En formulant nos intentions et en invoquant l'aide des esprits auxiliaires et des ancêtres, nous pouvons devenir cocréateurs de notre réalité. Par la pratique de la cérémonie, nous apportons fluidité et facilité dans nos vies et nous nous guérissons ainsi que notre communauté.

Une cérémonie est plus formelle et occasionnelle, alors que le rituel est un exercice, une pratique, ou une action qui peut – ou non – revêtir un sens particulier. Les rituels sont en général exécutés régulièrement, comme une pratique quotidienne de la méditation. Néanmoins, au sens chamanique, tout ce que nous faisons devrait l'être avec intention.

Les cérémonies et les rituels d'aujourd'hui peuvent sembler très différents des versions anciennes, mais leur objectif reste le même. Les ancêtres savaient qu'ils n'étaient pas de simples représentations pour le spectacle, mais d'importantes marques de respect et de réciprocité envers Mère Nature et le cosmos. Ils constituent un échange sincère et constant de nos énergies les plus élevées. Lorsque nous offrons nos dons à la Terre Mère, au Ciel Père et au Créateur avec humilité, nous sommes souvent récompensés à bien des égards. Par exemple, le Despacho andin est un rituel sacré décrit à la page 156 de ce livre.

# Vies antérieures et réincarnation

Avez-vous déjà été fasciné ou attiré par un pays, un site sacré ou un lieu que vous n'avez jamais visité ? Vous sentez-vous concerné par les civilisations du passé ? Avez-vous des expériences de déjà-vu, ou le sentiment étrange d'être déjà allé quelque part ? Les nouvelles situations vous semblent-elles familières ?

Des peurs ou des phobies inexpliquées peuvent aussi indiquer une vie antérieure. Par exemple, on peut avoir peur de l'eau, même si l'on n'a jamais vécu de noyade, ou avoir une phobie des araignées, même si on n'a jamais été mordu. À l'opposé, on peut avoir sans effort des aptitudes physiques ou intellectuelles qui dépassent le niveau de performance moyen. Tous ces éléments peuvent être des indices d'événements survenus dans d'autres vies.

Selon le chamanisme et dans de nombreuses traditions spirituelles, notre âme ne connaît pas une existence linéaire et ne commence ni ne finit avec la naissance et la mort. Elle poursuit son chemin et se confronte aux leçons, parfois douloureuses, qu'elle a besoin d'apprendre. Bien des expériences inexpliquées peuvent être des traces résiduelles d'une vie simultanée, dans un corps autre, sur une ligne de temps différente. Une vie antérieure ou simultanée montre que notre essence est l'âme plus que le corps. Celle-ci doit connaître diverses circonstances pour apprendre et grandir. Ainsi, nous renaissons constamment dans de nouveaux corps et vies pour expérimenter, évoluer et atteindre notre objectif le plus élevé. En comprenant notre essence en tant qu'âme, nous sommes véritablement immortels. Nos corps ne sont que l'« enveloppe » extérieure que nous choisissons pour traverser une vie.

La réincarnation est le processus par lequel nous quittons notre enveloppe charnelle dans une vie et

choisissons de « réapparaître » dans un autre corps, et une autre vie, pour y recevoir d'autres enseignements. Cette continuité consciente de l'âme lui permet de renaître dans des existences simultanées. Par exemple, l'actuel Dalaï-Lama, Tenzin Gyatso, est considéré comme la treizième réincarnation du saint patron du Tibet, le Bodhisattva de la Compassion.

La réincarnation désigne la continuation de l'âme après la mort. Le temps linéaire étant dans la troisième dimension, on appelle « antérieures » les autres vies, car elles semblent se dérouler dans le passé.

En réalité, nous sommes multidimensionnels et existons simultanément sur d'autres plans – le temps n'est pas rectiligne.

Tout ce qui est passé, présent et futur se produit au même moment dans plusieurs réalités ou fréquences. D'un point de vue chamanique, la mort n'est pas à craindre, car notre âme et notre conscience supérieure sont éternelles.

L'énergie n'est jamais créée ou détruite ; elle est simplement transformée. Puisque la Terre Mère nous montre avec quelle facilité elle peut recycler l'énergie dans la nature, pourquoi les humains seraient-ils différents ?

Comme nous avons vécu bien des vies sur bien des plans, des cultures et des époques, notre âme et notre corps ont connu des traumatismes – impossible d'y échapper. Les chamans comprennent que la guérison doit aussi venir de ce niveau beaucoup plus profond, pour réparer et se réapproprier les blessures infligées au cours de nos vies simultanées. Nombre de ces traumatismes sont stockés dans notre subconscient, ce qui peut expliquer certaines habitudes ou tendances, phobies irrationnelles ou schémas comportementaux inexplicables. Ce sont des blessures qui n'ont pas encore été résolues ou guéries. Notre âme finira par sortir du cycle de la réincarnation pour aller vers d'autres expériences.

Lorsqu'un chaman travaille dans le monde invisible d'une autre vie, il recherche les parties de l'âme non réclamées ayant besoin d'être reconnues et guéries. Comprendre nos vies invisibles peut être l'un des meilleurs moyens de nous libérer de schémas négatifs et de blessures répétitives. La récupération d'âme peut être utilisée pour guérir les traumatismes des vies antérieures.

## Guérir la lignée

On dit que lorsque nous commençons notre parcours chamanique de guérison nous guérissons aussi sept générations qui nous précèdent et sept qui nous suivent. Comprendre que l'on ne se guérit pas seulement soi-même et ses vies simultanées, mais aussi sa lignée ancestrale et les générations futures est une chose extrêmement puissante.

Si chaque vie est le maillon d'une chaîne ancestrale de croyances, pensées, actions et conséquences, on voit comment cela a pu affecter notre vie présente. Beaucoup d'entre nous portent inconsciemment le fardeau des générations précédentes : oppression, silence, colonialisme voire génocide, pactes et malédictions familiales ou tribales, addictions douloureuses, colère ou violence, vieux ennemis, griefs ou querelles, et croyances limitantes. Imaginez que vous êtes la personne courageuse qui brisera la chaîne, celle grâce à qui toute la lignée ancestrale peut évoluer et guérir.

Dans de nombreuses cultures, la coutume veut que l'on organise des festivals et des rituels pour honorer les ancêtres décédés, comme le *Día de los Muertos* ou jour des Morts au Mexique ; en Chine, les sanctuaires ancestraux font l'objet d'offrandes régulières. Notre culture occidentale a souvent considéré ces activités comme superstitieuses, jusqu'à ce que les disciplines émergentes de l'épigénétique, la biologie cellulaire et la neurobiologie prouvent qu'il faut examiner au moins trois générations d'histoire familiale pour étudier les mécanismes et les schémas de traumatisme chez un individu. Cela ne relève plus de la « superstition », mais bien de la science.

Quand les scientifiques ont commencé à cartographier le génome humain, ils croyaient que nos gènes déterminaient notre destin. Or, avec les avancées de la recherche, les scientifiques ont découvert que seuls 2 % de notre ADN chromosomique (qui donne les caractéristiques physiques telles que la taille, les cheveux, la couleur de la peau ou des yeux) constituent notre ADN total. Les 98 % restants, dits « non codant » ou « ADN poubelle », influencent la façon dont il est retranscrit en protéines, garantissant ainsi que les faisceaux chromosomiques se forment correctement dans le noyau de la cellule pour sa survie. Il affecte également notre personnalité, nos comportements et nos traits émotionnels. Cet ADN inactif n'est pas vraiment un « déchet », car il renferme notre potentiel le plus élevé et s'active lorsque notre fréquence s'élève.

Aujourd'hui, avec l'épigénétique, nous commençons à comprendre comment traits de caractère, traumatismes et informations peuvent être transmis d'une génération à l'autre, sans sembler altérer l'ADN. Nos cellules ont appris à s'exprimer d'une autre manière, en dehors des chromosomes – elles peuvent activer ou désactiver l'expression génétique par le biais de marqueurs chimiques. Elles se sont tout bonnement adaptées pour déterminer si un gène doit ou non être répliqué.

Cela a son importance, car l'épigénétique peut expliquer comment d'autres variables, indépendantes du strict séquençage génétique, telles que les sources de stress émotionnel, les facteurs environnementaux et les traumatismes, peuvent être héritées. Nous sommes à la fois le produit de la nature et de l'éducation. Ce domaine scientifique émergent nous montre comment nos cellules s'expriment différemment, en fonction du mode de vie et de l'environnement. L'héritage des traumatismes générationnels est un phénomène réel que la science peut désormais prouver.

Une manière de réparer et d'honorer notre lignée est de partager et de préserver les pratiques anciennes. Pendant des siècles, les groupes indigènes, holistiques ou spirituels ne se pliant pas à la religion dominante, étaient condamnés et éliminés. Aujourd'hui, alors qu'une nouvelle ère de conscience s'ouvre à nous, c'est un grand privilège de transmettre ces enseignements et ces sagesses anciennes. On ne nous dira plus quelles pratiques spirituelles adopter et comment nous connecter à l'esprit. Plus important encore, lorsque vous découvrez les dons de guérison des ancêtres, vous savez que vous n'êtes pas seul et que vous êtes toujours soutenu.

## Exercice de guérison ancestrale

Cet exercice vous aidera à puiser dans la sagesse de vos ancêtres et à guérir le legs de toutes les blessures qui ne servent plus votre bien suprême.

Commencez par rechercher les noms de vos grands-parents maternels et paternels et de vos parents biologiques. Vous aurez besoin de leurs noms complets et de leur lieu de naissance. Si vous n'avez pas toutes ces informations, ce n'est pas grave : exprimez votre intention et l'énergie de l'appel à vos ancêtres.

Trouvez un endroit calme où vous ne serez pas dérangé pendant au moins 20 à 30 minutes.

Placez une nappe d'autel avec quelques objets spéciaux devant vous. Si vous en avez déjà un (voir page 68), vous pouvez utiliser cet autel sacré. Libre à vous de placer des photos sur votre autel.

Allumez une ou plusieurs bougies. Faites brûler des herbes ou de l'encens et ajoutez des fleurs fraîches pour apporter de la beauté à l'espace.

Concentrez-vous sur votre respiration. Fermez les yeux. Détendez votre corps en continuant à respirer profondément.

Ayez l'intention que seuls soient présents les ancêtres bienveillants et l'amour inconditionnel souhaitant vous maintenir dans le plus grand bien. Imaginez maintenant les membres de votre famille proche en cercle, se tenant par la main. Visualisez vos grands-parents maternels derrière votre figure maternelle et vos grands-parents paternels derrière votre figure paternelle. Élargissez à vos arrière-grands-parents, si vous le souhaitez.

Sentez le soutien de vos grands-parents derrière vos parents et votre famille. Imaginez que toute votre lignée familiale est enveloppée et soutenue par un grand cercle jaune de lumière pure.

Remerciez vos ancêtres d'être présents et de partager la sagesse et les leçons qu'ils ont apprises sur leur chemin de vie. Dites-leur que vous êtes prêt à vous libérer de toutes les vieilles croyances négatives et de tous les schémas ancestraux. Vous souhaitez aller de l'avant dans le pardon et l'amour inconditionnel. Exprimez votre gratitude pour leurs vies et leurs sacrifices. Vous reconnaissez et révérez tout ce qu'ils ont fait pour vous amener dans cette vie-ci.

Formulez l'intention que toute énergie ancestrale n'étant plus au service de votre bien suprême aille nourrir le feu de la bougie. Vous pouvez symboliquement tenir dans vos paumes les vieilles énergies qui ont besoin d'être libérées. Placez vos deux mains au-dessus de la bougie, et versez ces énergies dans le feu pour qu'elles soient transformées. Exprimez votre reconnaissance et votre amour pour ce processus.

Si cela vous paraît juste, faites un don de nourriture (eau, thé, fruits ou douceurs) aux anciens. Ces offrandes peuvent rester sur l'autel quelques jours, une semaine ou jusqu'au prochain cycle favorable. À la fin de celui-ci, enterrez ou brûlez-les.

# 04
# Médecine chamanique énergétique

**Les chamans guérissent parce qu'ils comprennent fondamentalement le fonctionnement de l'énergie. Par les rites et les cérémonies, ils accèdent à d'autres dimensions et réalités, communiquent avec les esprits, transmutent les énergies et guérissent. Comprendre comment travailler avec votre énergie est la clé de la guérison et de la maîtrise de soi.**

Selon la science, tout est énergie. Du brin d'herbe au galet sur la plage, de votre corps physique aux étoiles, chaque partie de l'univers est constituée d'énergie vibratoire. Les chamans agissent sur l'âme. La guérison par l'énergie chamanique interagit avec un champ énergétique invisible, appelé dans d'autres traditions « force vitale » ou « prana » (souffle ou « principe vital » en sanskrit) ou « chi » (« flux énergétique universel » en chinois). Quel que soit le terme utilisé, il s'agit de l'énergie divine de l'âme. Nous sommes tous issus de cette source énergétique vaste et universelle.

## Physique quantique et énergie

*Toute matière n'a pour origine et n'existe qu'en vertu d'une force énergétique vivante non visible, consciente et intelligente. Cette force énergétique est l'esprit matriciel de toute matière.*

– Max Planck, concepteur de la théorie quantique

Depuis toujours, les chamans travaillent au niveau des quanta, de l'invisible ou du subatomique. La physique quantique commence seulement à expliquer ce que les chamans savent depuis des millénaires.

Les atomes sont les éléments constitutifs de la vie qui créent la matière. Le modèle newtonien de la matière et de l'atome nous a amenés à croire que nous étions

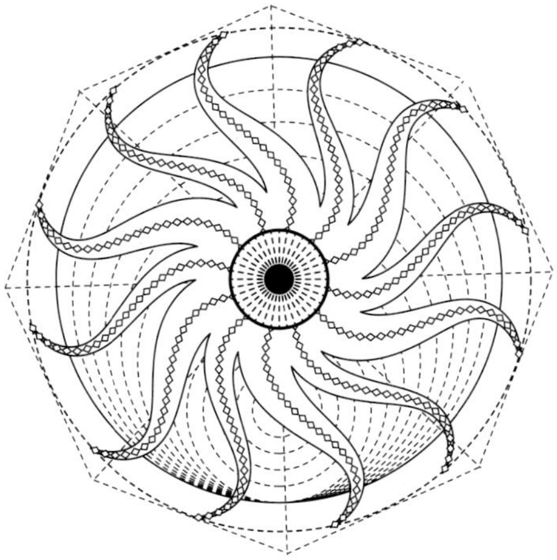

principalement constitués de matière. Nous pensions que les résultats étaient prévisibles et que les humains fonctionnaient selon un ensemble de lois physiques.

C'est là qu'intervient Albert Einstein. Sa célèbre équation, $E = MC^2$, prouve essentiellement que l'énergie et la matière sont liées et interchangeables. Matière et énergie sont indissociables. Grâce à la physique quantique, nous savons maintenant qu'au niveau subatomique, l'atome est en fait constitué de 99,99 % d'espace vide. Cela signifie que la table solide devant vous ou la paume de votre main sont principalement constituées d'espace vide. Il peut vous sembler étrange qu'une table solide soit en fait constituée de minuscules paquets de particules subatomiques invisibles. Tout se déplace à la vitesse de la lumière dans le monde quantique, imperceptible pour nos sens.

Les atomes sont électriques, ils fonctionnent comme de minuscules piles. Il possède une charge positive et une négative (protons et électrons). Votre corps physique est composé de 100 trillions d'atomes, vous êtes un être électrique. Mais vous êtes aussi, pour l'essentiel, un espace vide. Cela signifie qu'il est possible d'influencer et d'affecter cet espace vide, également appelé votre champ énergétique.

# Que signifie être conscient ?

L'automatisation peut s'avérer utile. Par exemple, pas besoin de réfléchir le matin au réveil pour se brosser les dents, s'habiller et se rendre au travail. Le cerveau établit des voies neuronales pour nos mouvements et nos routines les plus courants. Les mécanismes instinctifs du corps sont utiles, ainsi chaque fois que l'on mange une pomme pas besoin de demander à l'œsophage, la gorge ou l'estomac de la digérer et d'en extraire les nutriments, tout en rejetant les déchets – cela se fait automatiquement. La science nous apprend également que 80 % de nos pensées sont tout aussi routinières. Nous suivons le même scénario encore et encore d'un jour à l'autre, avec peu de changement ou d'originalité.

Être conscient signifie abandonner le voile de l'illusion – vous devenez pleinement conscient des mécanismes de votre corps, de vos pensées égotiques, de vos émotions et de vos actions. Vous êtes un participant actif et un témoin neutre de toute votre vie et vivez chaque instant en pleine conscience. C'est notre définition de la « présence » – être attentif et réactif au moment présent. Là, il n'y a ni passé ni futur, seulement le présent. Une fois que vous aurez appris à puiser dans cet espace, vous verrez la réalité telle qu'elle est.

La méditation peut permettre d'accéder à cet état de conscience, en réalisant que nous ne sommes pas nos pensées ou notre cerveau. Une fois que vous avez appris à prendre de la distance avec le corps physique et l'esprit, vous apprenez également à occuper un espace moins tangible, plus invisible, mais tout aussi précieux.

C'est votre accès direct à la sagesse de votre conscience supérieure et du monde des esprits.

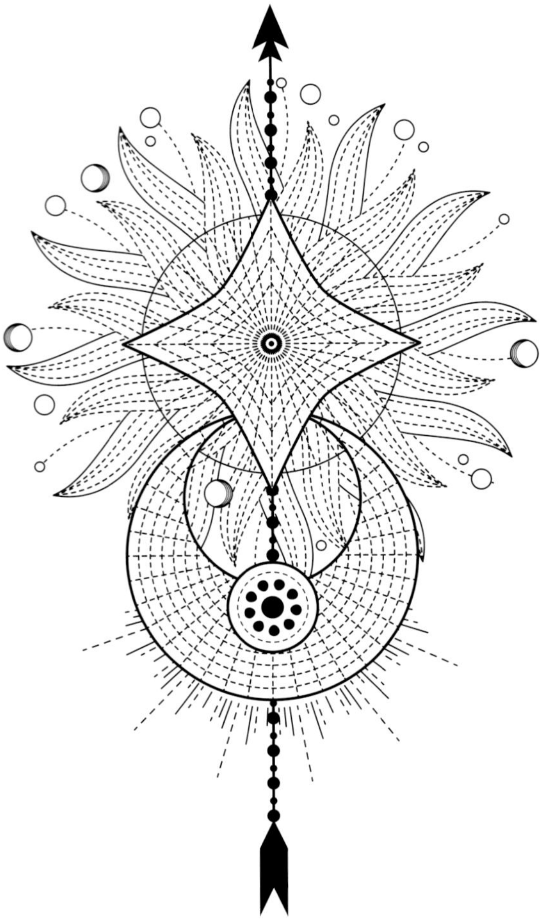

Cela signifie également que vous êtes capable d'observer vos émotions et vos sentiments. Une émotion est une réaction à une personne ou à un événement. Elle peut être positive, négative ou se situer entre les deux. Un sentiment est une réponse beaucoup plus élaborée et intentionnelle – votre ressenti est généralement un signe de votre conscience. Au lieu de réagir émotionnellement à une situation, on trouvera dans le sentiment un moyen beaucoup plus conscient d'utiliser le corps ou l'esprit afin de déterminer comment ces sentiments devraient nous guider.

Dans leurs pratiques plus profondes, les chamans explorent la source de vos émotions et de vos sentiments. Non seulement ils en sont conscients, mais ils en comprennent aussi l'origine et visitent consciemment les royaumes. Du point de vue d'un chaman, lorsque l'on est conscient et éveillé, plus besoin d'accuser les autres. On voit la peur, la colère et la honte pour ce qu'elles sont : des blessures internes et des traumatismes qui doivent être guéris. On cesse d'être une victime et on prend conscience de soi.

Cette pratique est puissante, car une fois que vous avez appris que vous contrôlez vos émotions et vos actions, vous êtes en mesure de les observer d'un point de vue neutre, sans laisser vos émotions vous diriger. Vous pouvez prendre votre responsabilité personnelle et faire des choix de manière consciente et autonome.

## Le royaume de l'inconscient

*Tant que vous n'aurez pas rendu l'inconscient conscient, il dirigera votre vie et vous appellerez cela le destin.*

– Carl Jung

L'inconscient stocke tout ce qui vous est arrivé : vos souvenirs dans cette vie et au-delà, vos compétences et vos croyances. Il est aussi la barrière et le filtre entre l'expérience directe de vos cinq sens et ce que votre esprit conscient peut percevoir.

Vos sens recueillent environ 11 millions de bits d'information par seconde et les transmettent à votre cerveau, alors que votre esprit conscient ne peut traiter qu'environ 50 à 120 bits par seconde.

C'est votre vue qui transmet la plus grande quantité d'informations au cerveau (10 millions de bits par seconde), tandis que le goût en transmet le moins

(1 000 bits /s). L'inconscient agit comme un dispositif de traitement qui retient le plus important et le plus pertinent dans une situation particulière, ce qui vous aide à survivre. Le véritable travail consiste à sonder l'inconscient. Une des fonctions les plus importantes du chaman est d'examiner et de faire émerger les secrets et les croyances de l'inconscient, pour guérir. Il traverse les royaumes où notre esprit conscient ne peut pas déchiffrer les informations qui nous sont fournies. C'est pour cela qu'une grande partie du travail du chaman est dite « cachée » ou « dans l'obscurité ». Ils font référence au royaume de l'inconscient, qui recueille et traite les informations au-delà des cinq sens.

Ce que la plupart d'entre nous ne savent pas, c'est que de nombreux composants de notre subconscient ont été programmés soit dès la naissance, soit dès la petite enfance. Ce n'est pas toujours intentionnel, mais cela nous donne souvent l'impression d'être « coincés » ou piégés dans des schémas répétitifs qui peuvent sembler hors de notre contrôle. En ayant conscience de cela, vous pouvez diriger votre pouvoir personnel pour votre plus grand bien. En premier lieu, vous prenez conscience de l'existence de ce programme, puis vous pouvez commencer à vous en libérer, à faire des réparations là où elles sont nécessaires et à guérir vos blessures internes.

Parfois, ces blessures et programmations inconscientes proviennent de nos vies antérieures et de celles de nos ancêtres, et ne sont pas uniquement les nôtres. La science a montré que nous héritons de traumatismes directement dans notre ADN sur au moins trois générations. Ainsi, votre peur du manque a peut-être son origine chez des ancêtres ayant connu la guerre ou la famine. Leur traumatisme s'est inscrit dans leur ADN et s'est encodé dans les générations suivantes comme protection, mais en faisant aussi des dégâts. Pour survivre au traumatisme et revenir à la vie ordinaire, ces souvenirs douloureux ont été supprimés et relégués dans l'inconscient. Malheureusement, beaucoup de ceux-ci restent « dormants », jusqu'à ce qu'ils trouvent un autre moyen de s'exprimer – généralement par l'intermédiaire d'un proche ou d'une épreuve intense qui les fait surgir. Lorsque la partie consciente de votre cerveau se ferme et ne peut traiter un événement traumatique, celui-ci peut se manifester dans votre vie par des troubles mentaux ou physiques.

La peur de dons de guérisseur est aussi une blessure inconsciente courante. Il a longtemps été dangereux d'évoquer ou pratiquer les arts de la guérison, les formes holistiques de la médecine ou le chamanisme. Les guérisseuses, les tribus indigènes, les sorcières et les chamans ont été chassées et exécutées en masse, souvent sur le bûcher. Des femmes ont été contraintes de se trahir, pour se protéger et protéger leurs familles.

Ces guérisseuses ont été persécutées pour avoir exercé leurs dons naturels. Ces souvenirs sont stockés dans notre inconscient, et se manifestent sous forme de blocages, de peurs et de doutes.

Au niveau conscient, ce type de blessure est si profond qu'il a pu empêcher bien des guérisseurs-nés de faire carrière dans la médecine holistique ou énergétique. Heureusement, il est aujourd'hui plus acceptable de discuter de concepts spirituels et de médecines naturelles. Une partie du travail du chaman consiste à récupérer ces souvenirs inconscients et à les mettre en lumière. Il le fait en lisant le champ énergétique et l'âme et en s'y connectant.

# Les champs énergétiques du corps humain

La médecine occidentale guérit en séparant le corps de sa source énergétique. Pour soigner une maladie, elle s'attache à identifier et à éliminer l'agent pathogène, souvent par des traitements pharmaceutiques plutôt que de considérer l'individu de façon holistique. On le dissocie de son environnement ou d'autres causes énergétiques pouvant être à la racine du problème.

La vision chamanique du bien-être comprend que votre santé physique, mentale, émotionnelle et spirituelle est profondément interconnectée. Les chamans rééquilibrent le corps en travaillant sur les champs énergétiques. Ces enveloppes subtiles existent sous forme de couches superposées dont les fréquences électromagnétiques s'étendent au-delà du corps physique et l'interpénètrent. Également appelés corps de lumière ou aura, ces champs énergétiques sont une extension de l'âme, à la jonction entre matière physique et conscience. L'aura est reliée au corps par l'intermédiaire de centres énergétiques, nommés chakras dans la tradition hindoue. D'autres cultures donnent des noms différents à ces points d'énergie. Il existe également des canaux énergétiques plus fins qui distribuent l'énergie dans tout le corps physique, ou les méridiens dans la tradition chinoise.

Vous ne vous résumez donc pas à un corps physique. Votre aura entoure votre enveloppe charnelle.

Elle est composée de fréquences supérieures d'énergie vibratoire (de lumière et de son) qui vous maintient en vie et agit comme un bouclier protecteur. Les chakras reçoivent, assimilent et transmettent l'énergie, la distribuant au corps physique, aux organes et aux glandes. Les méridiens fournissent de l'énergie à chaque partie de votre corps. On retrouve cette connaissance dans les systèmes de guérison de nombreuses cultures, de la médecine traditionnelle chinoise, à l'ayurvéda de l'Inde ancienne.

Les anciens savaient qu'un flux d'énergie clair et régulier permet de vivre en bonne santé. Des cellules jusqu'aux glandes, organes et tissus, ces divers systèmes fournissent l'énergie permettant aux processus biochimiques de nous maintenir en vie, et de former notre ADN. La maladie commence dans le champ énergétique et se manifeste ensuite dans le corps physique. Dès lors, si ce flux crucial est bloqué ou déséquilibré, cela peut provoquer des troubles. Une absence de contrôle pendant des années ou des décennies peut conduire à des maladies incurables ou à la mort.

Lorsque vous ouvrez votre esprit et votre cœur à la réalisation que le bien-être dépasse le corps physique ou les cinq sens, vous commencez à comprendre que tout est énergétique et interconnecté. Connaître et comprendre comment nettoyer, équilibrer et activer les champs énergétiques subtils du corps est essentiel au bien-être, à la santé physique et à l'évolution spirituelle. Lorsque vos champs énergétiques sont équilibrés, en harmonie et en cohérence, cela se reflète dans tous les aspects de votre vie.

## L'aura

Le mot « aura » vient du grec et signifie « souffle » ou « brise ». À l'époque moderne, il a évolué pour désigner un rayonnement distinctif ou une énergie entourant un être vivant.

Votre aura est le champ subtil d'énergie électromagnétique qui s'étend autour de votre corps physique et le pénètre. L'aura, ou corps de lumière, est votre premier système de défense énergétique ; elle filtre les énergies extérieures et vous protège. Elle contient les données de toutes vos expériences de vie à travers le temps et l'espace.

Ce champ sera perçu différemment selon les personnes : vu sous forme de couleurs, ressenti comme des vibrations, ou se présentant comme un savoir intérieur imperceptible. Votre aura qui est perméable et pénétrable se compose de différentes fréquences et couleurs, et vous entoure d'un cocon lumineux. Elle comprend sept couches de corps énergétiques subtils, chacun ayant sa propre fonction. Ces corps subtils détectent et traitent l'information en permanence et coopèrent pour maintenir l'équilibre de votre organisme et de vos voies énergétiques.

En comprenant la façon dont vos corps physique et subtil fonctionnent ensemble, vous opérez à un niveau supérieur. Par exemple, vos pensées conscientes et inconscientes influencent votre état émotionnel. Lorsque vous commencez à prendre conscience de vos corps mental et émotionnel en découvrant les formes-pensées, les réactions et les déclencheurs qui vous bloquent, vous pouvez rétablir l'harmonie et l'équilibre de votre champ énergétique.

Par la purification des énergies qui vous inhibent, et lorsque vos corps subtils ne seront plus déséquilibrés ou bridés, ils agiront en synergie. Vous serez en phase avec vous-même à un niveau plus profond et il y aura plus de paix et d'harmonie dans votre vie. La guérison et l'intégration consciente des corps subtils remplaceront votre perception déformée par une perception pure. Le nettoyage et l'alignement des corps subtils vous donneront conscience de vous et de votre pouvoir personnel, ce qui vous permettra de vous connecter à votre conscience supérieure et de retrouver vos propres réponses. L'ADN dormant en vous peut s'activer dans le cadre de l'éveil de votre conscience multidimensionnelle. À mesure que l'ADN s'active, vous intégrez vos dons et entrez en phase avec votre objectif supérieur.

Les sept corps subtils de l'aura, commençant juste après la peau, sont :

- Corps éthérique – il apporte vitalité au corps physique et le dynamise. En cas de déséquilibre, la santé physique décline. Associé au chakra racine.
  Conseil : essayez la respiration, le yoga et la méditation.

- Couche émotionnelle – abrite émotions, sentiments et désirs. Les émotions négatives perturbent le corps physique. Associée au chakra sacré.
  Conseil : ressentez vos émotions et transmutez toute énergie basse. Concentrez-vous sur l'amour, la compassion, le pardon et l'ouverture du chakra du cœur.

- Couche mentale – contient les schémas de pensée, l'ego, les jugements et les attitudes. Les pensées négatives et destructrices génèrent des distorsions dans les corps émotionnel et physique, et bloquent la connexion à la Source et la cocréation. Connectée au chakra du plexus solaire.
  Conseil : la présence. Avoir conscient des schémas. Pensée positive. Essayer le travail de l'ombre. Se libérer des jugements et des pensées fondés sur la peur.

- Couche astrale – pont entre corps physique et spirituel, le plan astral, et les voyages pendant les rêves. Relatif aux relations, au bien-être et à l'équilibre. Associée au chakra du cœur.
  Conseil : faites ce qui vous apporte joie et paix, et pratiquez la gratitude et la compassion.

- Couche spirituelle – matrice éthérique supérieure, liée à la personnalité, la créativité et au potentiel. Associée au chakra de la gorge.
  Conseil : essayez la guérison par le son, le chant, la psalmodie et la prière.

- Couche céleste – matrice émotionnelle de la sagesse, de l'intuition et des émotions supérieures. Représente l'illumination et la perception sensorielle supérieure. Associée au chakra du troisième œil.
  Conseil : essayez la danse, l'observation neutre, et l'amour inconditionnel.

- Couche kethérique – conscience universelle, fréquences supérieures et énergie divine. Représente l'unité et l'unicité. Associée au chakra de la couronne.
  Conseil : rendez service, soyez authentique et atteignez le but de votre âme.

Vos corps énergétiques vous informent en permanence. Lorsqu'une personne est en votre présence et interagit avec votre champ énergétique, vous percevez votre ressenti à ses côtés. Avant même d'avoir prononcé un mot, vous pouvez avoir l'intuition de l'échange énergétique silencieux.

Lorsque vous serez en contact avec les subtilités de votre propre « vision aurique », vous comprendrez mieux comment les informations énergétiques vous sont transmises. Écoutez-vous. Êtes-vous épuisé ou stimulé après avoir interagi avec cette personne ? Observez comment vous vous sentez en sa présence.

Semblent-ils ouverts ou contractés ? Ceci vous permettra de discerner s'ils sont alignés avec vous ou non.

## ÉNERGIES MASCULINE ET FÉMININE

Les énergies masculine et féminine existent en chacun de nous. Le côté gauche du corps est féminin, il reçoit l'énergie. Le côté droit est masculin, il la transmet.

Le principe féminin est non linéaire, « cerveau droit », émotionnel, intuitif et créatif. Le principe masculin est linéaire, « cerveau gauche », logique et pratique. L'humanité est en train de guérir masculin et féminin, au niveau collectif et individuel. L'intégration et l'équilibre des deux polarités intérieures guérissent l'aura et unifient notre féminin et notre masculin divins.

Cette méthode peut aussi être appliquée lors d'un voyage chamanique, quand vous rencontrez des esprits, et quand vous devez prendre une décision. Ressentez la signature énergétique de la situation et déterminez si elle est en résonance et en alignement avec vous. Suivez toujours votre première impression et évitez de trop rationaliser. Le sentiment instinctif et intuitif est généralement le bon. Si quelque chose ne résonne pas et ne vous semble pas juste, vous pouvez choisir de ne pas vous y engager ; vous n'avez pas toujours besoin de savoir pourquoi.

## La perte d'âme et l'aura

Esprit, émotions et santé influent profondément sur l'état de votre aura. Même s'il vous est impossible de toucher ou voir les émotions et les pensées – ou le corps énergétique subtil –, vous savez qu'ils existent et sont des formes d'énergie. Le stress quotidien, les maladies et les chocs peuvent affaiblir, désaligner ou fragmenter les corps énergétiques subtils. Quand une partie de votre âme se fragmente à cause d'un trauma, c'est une perte d'âme. On perd des aspects de son énergie vitale. Souvent, il s'agit d'un mécanisme d'adaptation. Après un événement difficile, certaines parties de l'âme, ou de l'inconscient, peuvent se retirer ou se séparer afin que l'on puisse survivre au traumatisme et supporter la vie quotidienne.

L'aura est comme une bulle invisible qui vous entoure ; cette atmosphère unique vous énergise et vous protège des influences extérieures indésirables. Une perte d'âme cause des trous et des fuites dans votre bulle, ce qui fragilise le champ de force qui vous entoure. De ce fait, vous avez moins d'énergie et vous êtes plus vulnérable aux influences extérieures qui peuvent facilement vous pénétrer. Le corps physique et le corps mental s'en trouvent affaiblis.

La perte d'âme et les fuites d'énergie sont des pertes de pouvoir personnel ayant pour symptômes la dépression, les maladies chroniques, les addictions, la tristesse prolongée et le stress post-traumatique. Comment savoir si votre aura est affaiblie ? Vous sentez-vous déstabilisé, anxieux, épuisé ou déconnecté ?

Il est possible, en méditant, en passant du temps dans la nature, en tenant un journal, en formulant vos intentions et vos prières, et en effectuant un travail d'ombre, de découvrir ce qui a provoqué la fragmentation de votre âme.

## Fuites d'énergie et perte de pouvoir

Un champ aurique fort est essentiel à la santé et au bien-être. Tout le monde est exposé aux forces extérieures et aux fuites d'énergie dans son champ. Les trous, les déchirures, les cordons et les blocages compromettent l'aura. Comme nous sommes des êtres énergétiques, les fréquences électromagnétiques nocives dans notre environnement du Wi-Fi et de l'électronique peuvent affaiblir notre corps énergétique et physique, et entraîner de graves problèmes de santé. Les formes-pensées négatives, les addictions, les drogues, l'alcool, les habitudes destructrices, la manipulation par les médias, les accidents, les traumatismes et les abus peuvent également affaiblir notre aura.

Comment évaluer les domaines de perte de pouvoir personnel ? Identifiez les cas où vous pourriez céder votre pouvoir à d'autres personnes, ce qui vous rendrait vulnérable aux fuites énergétiques. Que signifie « céder son pouvoir » ? Chaque fois que vous n'agissez ou ne parlez pas en accord avec votre vérité ou votre identité, vous perdez de votre pouvoir.

Voici des situations où nous abandonnons souvent nos meilleures capacités et nos vérités les plus nobles :

» Faire plaisir aux autres pour obtenir leur approbation.

» Ne pas prendre la parole.

» Sacrifier ses désirs et ses besoins pour les autres ou se victimiser.

» Permettre aux gens de profiter de vous.

» Diminuer vos dons et talents personnels pour vous adapter aux autres.

» Faire quelque chose que vous savez ne pas être en accord avec votre volonté.

La souveraineté personnelle, c'est rappeler votre pouvoir à vous. En connaissant mieux votre véritable identité, vous faites confiance à vos choix. Être souverain, c'est être libre, car vous savez que vous avez le libre arbitre. Vous n'agissez pas sous la pression, les normes sociétales ou le besoin de plaire ou de vous intégrer. Lorsque vous acceptez et activez le pouvoir suprême qui est en vous, vous assumez la pleine responsabilité de vos actions et vous prenez le contrôle total de votre corps, de votre esprit et de votre âme. Être souverain ne fait de mal à personne et invite les autres à l'être aussi.

Fixez des limites avec votre entourage. Évitez ceux qui drainent votre énergie – il peut être nécessaire de les exclure de votre vie temporairement. Écoutez votre cœur et votre intuition, et prenez des décisions fondées sur votre vérité. Soyez honnête et tendre avec vous-même. Nettoyer et désencombrer votre maison ou votre bureau peut également rétablir l'énergie vitale dans votre vie. Simplifiez et éliminez tout ce qui ne vous sert plus ou ne sert plus la personne que vous voulez devenir.

Soyez responsable de vos pensées, vos actions et vos choix. Être souverain renforce votre droit à l'individualité et permet aux autres de vivre leurs propres expériences. En refusant de céder votre pouvoir, vous renforcez la connexion à votre divinité intérieure.

Protéger l'aura permet de conserver une énergie vitale forte. Lorsque nous sommes à l'extérieur dans le monde, nos champs d'énergie sont exposés et en interaction constante avec ceux qui nous entourent. Nous captons des énergies par inadvertance et, si elles ne sont pas nettoyées, ces énergies dysharmonieuses nous affectent. Nous sommes nombreux à être empathiques, et donc à ressentir intimement les émotions des autres. Nous les absorbons sans nous rendre compte qu'elles ne sont pas les nôtres. Apprendre à se protéger de l'énergie tierce vous permettra d'avoir un champ énergétique clair, équilibré et fort.

Même s'il est possible de minimiser notre vulnérabilité face aux fuites, la réalité est que nous sommes bombardés d'influences énergétiques. Apprendre à nettoyer, protéger et conserver une aura saine est donc essentiel pour restaurer la vitalité et la plénitude de votre système énergétique.

## Comment purifier et entretenir un champ aurique fort ?

Le mieux pour nettoyer et renforcer votre aura, c'est d'être dans la nature. La méditation, l'ancrage à la terre, l'exposition au soleil, le nettoyage énergétique, les bains de sel, et la purification à la sauge sont d'autres moyens. Certains cristaux sont très efficaces (voir page 101). Protégez-vous en visualisant une bulle de lumière dorée autour de vous. Vous pouvez rappeler votre énergie à vous et nettoyer les fuites en vous connectant à votre moi intérieur par la prière, les cérémonies, l'amour de soi et le self-care. Pratiquez l'acceptation, le pardon et la formulation de décrets (page 175). Avec une forte conscience de soi, on peut assumer son pouvoir et être authentique.

Les activités traditionnelles comme le yoga, la danse et le tai-chi peuvent déplacer l'énergie stagnante dans le corps. La guérison par le son et la vocalisation par le chant ou les mantras élèvent notre vibration et guérissent notre champ aurique (page 141). Il est également extrêmement réconfortant et puissant d'être en cérémonie avec d'autres personnes partageant les mêmes idées.

Ensemble, un groupe de personnes spirituelles peut augmenter et élever le champ énergétique qui les entoure. De nombreuses études ont montré les effets positifs de grands groupes de personnes qui méditent ou prient en même temps.

# Les chakras

Ce sont des vortex énergétiques qui aspirent l'énergie vitale de la nature, une énergie divine également appelée *chi* ou *prana*. Chaque chakra a une qualité et une fonction unique, régissant différentes zones du corps physique et des glandes endocrines. Ils permettent à l'énergie d'entrer et de sortir du corps, distribuant la force vitale qui entretient la vie. Invisibles par nature, ils sont essentiels au maintien de votre santé et de votre équilibre.

Les chakras vous permettent de comprendre l'énergie en traduisant et en interprétant celle qui vous entoure. Ils diagnostiquent. Par exemple, si vous arrivez sur un lieu de dispute, vous ressentirez la tension dans votre chakra du plexus solaire. Cela s'explique par le fait que, si vous vous y branchez efficacement, le système des chakras vous permet de traduire, d'interpréter et de transmuter l'énergie.

La majorité ne peut pas voir les chakras ; mais, avec de la pratique, la plupart pourront les ressentir. Ce sont des champs électromagnétiques. Nous sommes entourés de Wi-Fi et d'appareils émettant des fréquences électromagnétiques, sans pourtant les voir. Les chakras sont une autre fréquence d'énergies électromagnétique. Considérez-les comme la ligne de front du corps humain, œuvrant en permanence au maintien de l'équilibre.

Ils reçoivent, transmettent et stockent les informations énergétiques. À la suite d'un événement négatif, ils conservent une empreinte des souvenirs – pensées négatives, émotions, blessures, traumatismes et stress –, qui deviennent des énergies stagnantes logées dans les chakras, les empêchant de fonctionner correctement. Cela nuit à votre santé mentale, émotionnelle et physique.

Ils stockent aussi les programmes des vies antérieures et ancestrales. Nous naissons donc dans cette vie avec des blocages dans notre champ énergétique. L'empreinte énergétique des événements négatifs les déséquilibre et la force vitale ne peut pas circuler naturellement. Ils peuvent alors être sur-activés ou sous-activés. Ceci peut causer des comportements répétitifs, des peurs inexpliquées, des pensées négatives, des croyances néfastes ou des schémas de vie récurrents qui vous retiennent. Par exemple, un déséquilibre dans le chakra racine peut vous rendre craintif et peu confiant ; des blocages douloureux dans le chakra du troisième œil peuvent vous faire douter de vos propres capacités.

Il est donc nécessaire de nettoyer l'énergie de vos chakras pour les rééquilibrer et les réactiver. Pour ce faire, ouvrez votre chakra du cœur, méditez, allez dans la nature, travaillez avec des cristaux, faites du yoga, utilisez la guérison par le son ou le chant, et définissez des intentions spécifiques pour chaque chakra. Il est important de vous libérer de ce qui ne vous sert pas et de cultiver le pardon, la compassion, la gratitude, l'amour et la joie.

Lorsque vos chakras sont dégagés et harmonisés, vous êtes en phase avec votre environnement. Il n'y a pas d'interférence ou de distorsion dans votre perception et votre fonctionnement. Vous discernez clairement ce qui est bon pour vous et vous êtes en phase avec votre vie. Vous éprouvez plus d'harmonie, de paix intérieure et d'amour inconditionnel. Vous vibrez à une fréquence plus élevée. Grâce à un système de chakras sain et fonctionnel, vous élevez votre vibration et celle de votre entourage.

## Les neuf chakras principaux

Votre corps énergétique est un réseau complexe composé de centaines de chakras interconnectés à divers canaux. Les mains, les pieds et même les organes en disposent. Les sept principaux vont de la base de la colonne vertébrale (chakra racine) au sommet de la tête (chakra couronne). Ils vous seront présentés ainsi que deux autres importants (chakra étoile de la terre et chakra étoile de l'âme) qui résident à l'extérieur du corps physique, dans le corps éthérique.

Comme prédit par nombre de prophéties indigènes, l'humanité vit une ascension. Au cours des prochaines années, elle avancera dans son processus d'évolution et s'élèvera vers des niveaux de conscience plus élevés. Alors que l'énergie s'élève sur Terre, la fréquence et les couleurs des corps énergétiques et des chakras changent et de nouveaux chakras s'alignent. Ci-dessous, vous trouverez les couleurs actuelles des chakras et des couleurs de plus haute fréquence pour vous aider à augmenter leur vibration, ainsi que des visualisations, des méditations et des cristaux pour leur nettoyage et activation.

Lorsque le système des chakras est nettoyé, équilibré et activé, ceux-ci fusionnent pour former un pilier de lumière blanche cristalline et brillante. C'est le nouveau système de chakras aux couleurs opalescentes, pastel, platine et or, de plus haute fréquence. C'est l'activation du chakra de l'étoile de la terre et des sept chakras de la colonne vertébrale qui produit la colonne unifiée des chakras. Elle est ancrée par le chakra étoile de la terre, et continue jusqu'au chakra couronne, au chakra étoile de l'âme et aux suivants.

### Chakra étoile de la terre

Le chakra étoile de la terre se trouve 15 à 30 cm sous vos pieds en dehors du corps physique, dans la croûte terrestre. Il est vital, car il relie et ancre tout votre système de chakras au noyau magnétique et à la grille cristalline de la planète. La lumière et l'énergie divines affluent du chakra étoile de la terre par le chakra racine et dans tout le réseau. Grâce à cette connexion à la Terre, vous pouvez puiser l'énergie divine du cosmos et l'intégrer en étant ancré. Ce chakra contient les informations de tout ce qui existe, y compris les souvenirs de vos vies passées et vos dons. Il est connecté à la conscience collective de l'humanité. Pour s'élever dans les royaumes supérieurs, il est nécessaire d'avoir une connexion solide avec la Terre et son énergie.

S'il est déséquilibré, vous pouvez vous sentir anxieux et manquer d'énergie ou avoir l'impression de ne pas être présent dans le moment présent, et il vous sera très difficile de tenir vos engagements. Avec un chakra étoile de la terre clair et équilibré, vous êtes concentré, présent et en paix. Vous exprimez les dons de votre âme. Vous êtes en phase avec votre nature profonde et le but de votre vie. Une fois que le chakra étoile de la terre est activé, il est possible de nettoyer toutes les énergies inférieures et de rester ancré, quoi qu'il arrive. Vous incarnez le principe : « Ce qui est en haut est

comme ce qui est en bas » et tout ce qui existe, dans votre forme humaine.

- COULEUR : Argent platine
- CRISTAUX : Cyanite noire, pyrite, quartz aura d'ange
- MANTRA : Je suis ancré à la Terre Mère.
- VISUALISATION : Ressentez votre connexion à la Terre. Envoyez-lui amour, gratitude et révérence pour tout le soutien qu'elle vous apporte. Imaginez que vous envoyez des racines argent platine depuis la base de votre colonne vertébrale (chakra racine) à environ 15 cm dans la croûte terrestre. Enroulez les racines autour de votre chakra étoile de la terre. Visualisez l'énergie argentée de votre chakra étoile et voyez-la comme une sphère argentée. Imaginez maintenant que de la lumière provenant du noyau de la Terre s'écoule dans votre chakra de l'étoile de terre le nettoyant et l'activant. Continuez à faire monter l'énergie divine dans vos pieds et votre colonne de chakras et visualisez le nettoyage de tout ce qui est lourd ou stagnant. Faites-le jusqu'à votre chakra couronne.

Voyez toute votre colonne de chakras alignée comme un pilier de lumière blanche en forme de diamant.

## Chakra racine

Le chakra racine est à la base de la colonne vertébrale dans la zone pelvienne. Il est relié à l'inconscient et associé à la survie, et à la sécurité. Il vous relie à la Terre et vous aide à être présent, centré et plein d'énergie. S'il est déséquilibré, vous pouvez vous sentir craintif, en danger et déconnecté. Lorsqu'il est clair et équilibré, vous vous aimez, vous vous sentez en sécurité, stable et reconnaissant, et vous avez confiance en la vie.

- COULEUR : Rouge vin
- CRISTAUX : Tourmaline noire, apatite, jade
- MANTRA : Je peux accéder à ma brillance et à ma maîtrise en toute sécurité.
- VISUALISATION : Fermez les yeux et imaginez votre chakra racine empli de bleu-vert d'eau chatoyant. Si vous voyez du rouge ou une énergie dense, continuez à le nettoyer et le transmuter avec le bleu-vert d'eau irisé de plus haute vibration.

## Chakra sacré

Il se trouve juste en dessous du nombril ; il est associé à la créativité, la sexualité, aux relations, à l'abondance et à la productivité. Votre intuition, vos tripes et la sagesse du ventre y résident. Relié au corps émotionnel, ce chakra peut être porteur des traumatismes intimes et des empreintes de nos ancêtres, ou de tout autre abus sexuel. Lorsqu'il est déséquilibré, la honte, l'indignité et le doute de soi y résident. Problèmes de sexualité, de créativité et de suivi des projets. Un chakra sacré clair et équilibré permet une expression sexuelle saine, un flux créatif, de la joie et des relations positives.

- COULEUR : Orange
- CRISTAUX : Calcite orange ou rose, pierre solaire, quartz rose
- MANTRA : Je suis libre d'exprimer mon moi véritable.
- VISUALISATION : Imaginez une énergie rose dans votre chakra du cœur et attirez-la vers le bas, vers votre région pelvienne. Infusez cette zone

avec amour et laissez l'énergie rose la remplir, nettoyant toute énergie lourde et transmutant toute couleur orange.

## Chakra du plexus solaire

Il se trouve dans la cage thoracique. Il est associé à l'ego, au pouvoir personnel, à la volonté et à la vitalité. C'est là que résident notre confiance et notre authenticité. Ce chakra vous permet d'évaluer et de ressentir les énergies de votre environnement et des autres personnes. Quand il ne fonctionne pas correctement, vous risquez les colères, les jugements, l'absence de limites, le manque d'énergie et de volonté. S'il est clair et équilibré, il vous est facile d'exprimer vos émotions et vos besoins et vous avez une forte conscience de vous-même et du but à atteindre.

» COULEUR : Jaune
» CRISTAUX : Citrine, pyrite, or des guérisseurs
» MANTRA : Je suis maître de ma propre énergie.
» VISUALISATION : Fermez les yeux et respirez profondément, concentrez-vous sur votre corps. Maintenant, scannez tout votre champ et sentez si vous perdez de l'énergie ou du pouvoir. Sentez au-delà de votre corps énergétique pour voir si votre énergie est dispersée ailleurs. Concentrez-vous sur votre plexus solaire. Rappelez consciemment toute votre énergie à votre corps. Sentez et visualisez cette énergie qui revient dans votre plexus solaire et votre corps énergétique. Continuez ce processus en imaginant que votre plexus solaire se remplit d'une lumière dorée étincelante. Faites cela chaque fois que vous ressentez une perte de pouvoir.

## Chakra du cœur

Le chakra du cœur est votre accès à l'amour pur : votre capacité à recevoir de l'amour et à en donner, sans condition. Il permet l'empathie et la compassion et constitue le pont entre les chakras inférieurs et les chakras supérieurs, là où le physique rencontre le spirituel. Un chakra du cœur qui est déséquilibré ne peut pas ressentir l'amour. Il est porteur de tristesse et de problèmes émotionnels. S'il est équilibré, vous vous sentez uni aux autres et connecté à la vie. Vous avez de la compassion, vous pouvez pardonner et être en paix. Lorsque votre chakra du cœur est activé, votre intuition provient du centre du cœur.

Aussi appelé « porte divine », le chakra du cœur est le centre du processus d'ascension. Cela vous permet d'accéder à vos dons, de vous connecter à votre conscience supérieure et de savoir qu'une force universelle divine et omniprésente existe partout et que vous y avez accès.

» COULEUR : Vert/rose
» CRISTAUX : Célestite, larimar, chrysocolle
» MANTRA : Je suis le pur amour divin.
» VISUALISATION : Imaginez la lumière blanche étincelante d'un diamant se déversant du chakra étoile de l'âme vers le chakra du cœur. Permettez-lui de nettoyer toutes les énergies lourdes ou bloquées. Introduisez une couleur bleu-vert d'eau et ressentez la gratitude dans votre cœur.

## LE POUVOIR DE VOTRE CŒUR

Le cœur est la source d'énergie électromagnétique la plus puissante du corps humain. Son champ électrique a une amplitude soixante fois supérieure à celle du cerveau. Votre état émotionnel peut influencer votre champ énergétique et l'environnement qui vous entoure. En transformant vos émotions en gratitude et en reconnaissance, vous pouvez modifier votre état énergétique et éliminer le stress, la frustration, l'anxiété, l'irritation et les instincts de lutte ou de fuite. Lorsque le chakra du cœur est activé, vous êtes rempli d'amour et de compassion. Depuis cet espace activé très puissant, vous vous alignez avec votre moi intérieur. Vos choix et vos actions proviennent de votre vérité, de votre souveraineté et de votre sens du service.

## Chakra de la gorge

Il représente la communication, l'authenticité et l'expression de soi. Vous manifestez vos mots dans la réalité par ce que vous dites. La souveraineté personnelle est liée au chakra de la gorge, car vous exprimez la vérité de votre âme. La parole authentique de l'âme est porteuse de codes vibratoires d'informations qui peuvent avoir un effet positif sur vous et votre entourage. S'il est déséquilibré, vous aurez du mal à vous exprimer et l'énergie de votre discours pourra avoir un effet négatif sur vous et sur les autres. Vous aurez des difficultés à manifester vos désirs. Avec un chakra de la gorge équilibré, vous écoutez, vous vous exprimez bien et vous parlez avec authenticité, intégrité et confiance.

» COULEUR : Bleu
» CRISTAUX : Kyanite, mica et lapis-lazuli.
» MANTRA : J'exprime la vérité de mon âme.
» VISUALISATION : Imaginez la lumière blanche d'un diamant descendant de votre chakra étoile de l'âme, nettoyant votre gorge et libérant toute empreinte ou tout blocage. Affirmez que vous relâchez les énergies, les ententes ou les contrats de toutes vos vies qui empêchent votre âme de s'exprimer. Activez maintenant votre chakra de la gorge – invitez-y une couleur argent platine.

## Chakra du troisième œil

Il se trouve sur le front, entre les yeux. Le troisième œil vous donne accès à d'autres dimensions et à vos capacités psychiques. C'est là que vous recevez votre intuition, votre imagination et votre sagesse. Grâce à ce chakra, vous visualisez ce que vous voulez manifester dans votre vie. Un troisième œil déséquilibré entraînera la confusion et la peur du succès. Il vous sera difficile d'être clair et d'avoir une vue d'ensemble.

Une fois équilibré, vous serez connecté à votre intuition et constaterez que vos visions se manifestent dans le monde physique.

» **COULEUR** : Indigo
» **CRISTAUX** : Azurite, shattuckite, labradorite
» **MANTRA** : Je vois avec clarté.
» **VISUALISATION** : Au réveil et avant de vous coucher, gardez les yeux fermés quelques minutes, tournés vers le haut pour voir votre troisième œil. Visualisez un arc-en-ciel de couleur. Puis, placez-y la vision de quelque chose que vous voulez manifester. Si vous n'êtes pas visuel, il se peut que vous ne voyiez rien au début, mais l'énergie de cette intention est toujours présente. Au fil du temps, vous verrez peut-être des couleurs et à terme des visions.

## Chakra couronne

Il se trouve au sommet de la tête et vous donne accès à l'inconscient collectif, à la sagesse de votre âme, à votre conscience supérieure et à l'unité. La fonction des pétales du chakra couronne est d'amener des fréquences supérieures dans votre troisième œil. Lorsqu'il est déséquilibré, vous pouvez vous sentir déconnecté de votre esprit et des royaumes supérieurs ou de votre corps. Vous pouvez être trop dans votre tête. Lorsqu'il est équilibré, vous vous sentez connecté à votre sagesse intérieure, à votre but, aux autres et à la vie, et vous éprouvez joie, sérénité et plénitude.

» **COULEUR** : Violet ou blanc
» **CRISTAUX** : Quartz clair, quartz lémurien, cristaux d'andara
» **MANTRA** : Je suis connecté à la Source.
» **VISUALISEZ** : Imaginez une lumière d'or liquide se déversant dans votre chakra couronne. Permettez à l'or liquide de purifier votre connexion au Divin au-dessus de vous.

## Chakra étoile de l'âme

Il est situé à 15 cm au-dessus du chakra couronne toujours dans votre aura. Ce chakra stocke les informations de toutes vos vies et contient le code de tous vos dons spirituels. Votre chakra étoile de l'âme est connecté à votre conscience supérieure et à la lumière du cosmos. S'il est déséquilibré, vous pouvez ressentir de la confusion, de la dépression et de la paranoïa. Lorsqu'il est équilibré et activé, vos chakras inférieurs le sont également. Ce chakra vous donnera accès à des capacités psychiques, à l'amour divin et à la connaissance directe de votre conscience supérieure.

» **COULEUR** : Magenta
» **CRISTAUX** : Sélénite, célestite, auralite 23
» **MANTRA** : Je transcende.
» **VISUALISATION** : Imaginez que vous envoyez de l'énergie depuis votre chakra étoile de la terre jusqu'à votre chakra du cœur, en passant par votre chakra couronne, et en vous connectant à votre chakra étoile de l'âme. Ressentez l'énergie vibratoire supérieure au-dessus de vous et ramenez-la vers le bas, en l'ancrant dans votre chakra du cœur. Posez les questions que vous voulez clarifier.

# Technique de cohérence rapide cœur-cerveau

Ce processus simple vous amènera à un état de cohérence où la créativité, la joie, la clarté et la guidance intérieure sont accessibles facilement.

## Technique de cohérence rapide

1. Concentrez votre attention sur la zone du cœur. Imaginez que votre respiration entre et sort de votre cœur ou de votre poitrine, en ralentissant et en approfondissant votre respiration. Trouvez un rythme confortable.
2. Tout en continuant à respirer en vous concentrant sur le cœur, essayez d'éprouver un sentiment sincère et régénérateur, comme de la tendresse pour quelqu'un ou quelque chose dans votre vie.

## Étapes rapides

1. Respiration centrée sur le cœur.
2. Activez un sentiment positif ou de renouveau.

Pratiquez chaque fois que vous remarquez une tension ou une résistance, pendant au moins 3 minutes pour en tirer le maximum de bénéfices. Cette technique a été créée par l'Institut HeartMath, dont les études scientifiques approfondies montrent que la cohérence cœur-cerveau présente de nombreux bienfaits pour la santé, notamment la réduction du cortisol, du stress et de l'anxiété.

Vous pouvez également toucher le centre de votre poitrine au niveau du chakra du cœur, ce qui permet de faire passer votre conscience de votre esprit pensant au centre de votre cœur. Un état cohérent permet d'aligner l'esprit, le corps et les émotions. Dans cet état d'harmonie, vous êtes en mesure d'accéder à votre être intérieur et à votre intuition.

# Méditation pour activer tous les chakras et l'aura

Trouvez un espace calme dans la nature et asseyez-vous au sol. C'est la meilleure façon de vous connecter à votre chakra étoile de la terre. Si ce n'est pas possible, trouvez un endroit chez vous.

Créez un espace sacré et appelez vos aides spirituelles (voir page 67).

Ayez l'intention d'amener vos champs énergétiques à leur niveau vibratoire le plus élevé. Envoyez un faisceau de lumière vers le haut, à travers votre chakra couronne, en passant par votre chakra étoile de l'âme, et connectez-vous à la source d'énergie au-dessus. Faites redescendre l'énergie par le sommet de votre tête (chakra couronne) et baignez chaque chakra dans cette énergie vibratoire supérieure. Cela les activera tous. Si vous ressentez une lourdeur dans votre corps ou vos chakras, utilisez cette énergie légère pour la nettoyer.

Continuez à envoyer le flux vers le bas dans la terre et ancrez-le dans le chakra étoile de la terre, puis descendez-le profondément dans le noyau cristallin de la terre. Visualisez l'ensemble de votre système de chakras comme une colonne de lumière blanche.

Imaginez maintenant que vous faites remonter l'énergie à travers votre chakra racine jusqu'au centre de votre cœur. Respirez profondément par le centre de votre chakra du cœur, en envoyant votre souffle et votre énergie dans les couches de votre champ aurique. Continuez à insuffler l'énergie lumineuse et le souffle de votre chakra du cœur dans votre aura.

Sentez et visualisez votre aura se développer et s'énergiser. Remarquez la force et la protection créées par votre souffle et votre énergie. Vous avez maintenant purifié et activé vos chakras et votre aura. Cela peut être une pratique quotidienne bénéfique. Fermez l'espace sacré et remerciez vos guides spirituels et vos aides.

## COUPURE DE CORDON ÉNERGIQUE

Nous pouvons avoir des cordons énergétiques attachés à des personnes, des lieux et des choses. Lorsque nous avons des relations intimes, des expériences émotionnelles et des expériences traumatiques, les liens énergétiques se forment. Ces cordons drainent notre énergie vitale. Et, comme toutes nos vies se déroulent simultanément, des cordons peuvent également être attachés à des événements survenus dans d'autres réalités. Lorsque cela se produit, des fragments de notre énergie restent attachés à cette ligne temporelle.

### Technique de coupure de cordon

Trouvez un endroit confortable et calme. Ouvrez un espace sacré et faites appel à votre conscience supérieure. Déclarez votre intention de couper tous les cordons énergétiques qui drainent votre énergie. Amenez votre conscience dans un état de relaxation dans votre corps. Demandez si vous avez des cordons attachés à quelqu'un qui crée une fuite d'énergie. Voyez si le nom, le visage ou l'énergie de quelqu'un vous vient à l'esprit. Ou bien, pensez à une personne ou à une situation pour laquelle vous avez une charge émotionnelle et amenez-la à votre conscience. Visualisez-la ou sentez-la en face de vous. Balayez votre corps énergétique et vos chakras – souvent vous pouvez sentir à quel endroit du corps, ou sur quel chakra, le cordon est attaché. Sentez ou visualisez les cordons entre vous. Avec la tranche de votre main, un cristal ou un couteau chamanique comme outil, enlevez le cordon attaché à vous et renvoyez l'énergie à la personne avec amour. Vous pouvez également visualiser le cordon en train d'être coupé avec un couteau ou des ciseaux. Faites un nouveau balayage, car il se peut qu'il y ait plusieurs cordons. Une fois que vous l'avez libéré, scellez la zone où vous l'avez coupé avec de la lumière dorée. Répétez le processus si besoin. Imaginez que votre corps énergétique est enveloppé de lumière dorée ou argentée. Exprimez votre gratitude et fermez l'espace.

# Partie II

# OUTILS DU MONDE NATUREL ET DES MONDES INVISIBLES

# 05
# Établir un espace sacré et introduire la cérémonie

**Le style de vie chamanique implique d'intégrer pratiques, rituels et cérémonies chamaniques dans notre quotidien. Ainsi, nous extériorisons notre état interne ; c'est une façon d'ancrer nos intentions et de les envoyer vers les mondes invisibles. En nous éloignant de l'agitation du quotidien, nous faisons un effort délibéré pour nous connecter à notre moi spirituel. Ces pratiques sont intentionnelles et sacrées, car elles jettent un pont entre l'ordinaire et le divin.**

Une cérémonie chamanique inclut au moins un des quatre éléments (comme la cérémonie de l'eau ou du feu sacré) ou l'utilisation de tambours et d'instruments de musique. Les chamans racontent des histoires, chantent, prient, dansent et expriment par leurs nombreux talents gratitude et respect pour la Terre Mère, et leurs alliés spirituels.

La cérémonie vous ancre dans le moment présent et élève votre conscience vers un niveau supérieur, qui révèle la mécanique de vos pensées, sentiments, actions et schémas. Elle vous permet de rentrer en vous et de vous reconnecter à votre corps, âme et conscience supérieure, tout en renforçant votre lien à la nature, aux éléments et au monde des esprits. Plus vous vous alignez sur la Source universelle, plus vous êtes en phase avec votre but suprême, ce que les chamans appellent « le rêve sacré ». Ceux-ci pensent que nous créons la réalité en rêvant notre monde. La cérémonie permet de se libérer des énergies, des programmations et des croyances qui empêchent de vivre pleinement son potentiel. Lorsque vous êtes en harmonie avec votre conscience supérieure, vous entrez dans votre rêve sacré et créez puissamment votre propre réalité.

L'aménagement d'un espace sacré et les prières sont à la base des cérémonies et imprègnent tous les aspects du chamanisme. En créant et en entrant dans un lieu qui focalise notre alignement mental, physique et spirituel, nous pouvons atteindre le bien-être à tous les niveaux.

# Établir un espace sacré

Chaque cérémonie et pratique de guérison débute par la création d'un espace sacré. Le voile qui obstrue votre vision du monde des esprits y est plus fin, ce qui renforce vos intentions et vos prières. En ouvrant cet espace, vous dirigez votre énergie vers le moment présent et faites appel à vos aides spirituelles pour vous aider à protéger le contenant de vos intentions et de vos prières. Que vous les exprimiez à haute voix ou dans votre cœur, vous appelez et commandez les énergies invisibles dans votre espace sacré.

Il peut être créé n'importe où, à l'intérieur ou dans la nature, et de n'importe quelle taille. Il peut même être intériorisé – un état d'être que vous emportez partout avec vous.

Le lieu et la taille de votre espace sacré ont moins d'importance que votre attention lors de sa création. C'est là une pratique très intime qui varie d'une personne à l'autre, mais aucune n'est bonne ou mauvaise. Agir avec le cœur, authenticité et pour votre plus grand bien en sont les principes clés.

On peut l'établir par une simple prière ou en fixant des intentions juste avant la cérémonie ou la guérison ; une fois le travail terminé, l'espace sacré est refermé. On peut aussi installer un autel sacré qui sert de lieu physique de prière, d'ancrage, d'amplification des intentions, de création de beauté, de protection et d'élévation des vibrations de l'espace. Les autels peuvent être laissés dans un endroit de la maison, ou être utilisés pour une cérémonie spécifique, et retirés lorsque la cérémonie est terminée.

Que vous disposiez d'un simple espace ou d'un autel sacré, l'appel aux Quatre Directions, à la Terre Mère, au Ciel Père, au Créateur et à tout autre esprit, allié, gardien, guide ou ancêtre avec lequel vous souhaitez travailler, apportera énergie et puissance à votre cérémonie, votre rituel ou votre pratique de guérison. Une fois la cérémonie terminée, vous clôturerez l'espace sacré de la même manière, en remerciant et en honorant les énergies que vous avez appelées.

## Établir un espace sacré simple

Ce processus crée un espace sacré pour les cérémonies, rituels, guérison, et pour la méditation et la prière.

1. Trouvez un espace calme où vous ne serez pas dérangé.
2. Débarrassez-le de tout ce qui pourrait gêner vos intentions et prières. Utilisez un tissu, une couverture ou un coussin pour votre confort.
3. Faites brûler une ou deux bougies, pour concentrer l'énergie.
4. Purifiez-vous ainsi que l'espace avec de la sauge ou du palo santo.
5. Clarifiez votre esprit afin de pouvoir être pleinement présent – bols chantants, tambours, carillons, cloches, hochets ou chants vous aideront à plonger dans votre cœur et à vous immerger dans le monde invisible.
6. Dites vos prières, énoncez vos intentions et appelez les esprits protecteurs (voir page 72).

## Construire un autel sacré

L'installation d'un autel est une pratique ancienne qui permet de créer un espace sacré chez soi ou ailleurs. Un autel est une passerelle vers le divin qui apporte beauté et énergie spirituelle, il peut être utilisé pour les cérémonies, les rituels et les soins. Il n'y a pas de bonne ou de mauvaise façon d'aménager votre autel sacré, tant que vous agissez avec cœur et avec bonté.

Pour ce faire, il faudra :

- » une nappe d'autel, de préférence en coton ou en soie ;
- » des cristaux : tourmaline noire, lapis-lazuli, quartz clair, améthyste, etc. ;
- » des objets sacrés : photos, figurines d'animaux, divinités, etc. ;
- » des offrandes : fruits, sucreries ou fleurs ;
- » herbes sacrées : sauge blanche, palo santo ou foin d'odeur ;
- » bougies : cire d'abeille ou autre cire naturelle ;
- » huiles essentielles : spray de protection, vétiver, etc. ;
- » plumes et coquille d'ormeau ;
- » allumettes ou briquet.

Voici quelques étapes simples pour mettre en place votre autel :

1. Trouvez une surface haute dans un lieu calme chez vous. Recouvrez-la d'une nappe d'autel ou d'un autre tissu qui a une signification pour vous. Rassemblez vos cristaux et objets sacrés

destinés à l'autel ; utilisez tout ce qui a pour vous une valeur magique, puissante ou sentimentale. Laissez votre intuition vous guider pour les disposer. Placez chaque objet avec une intention spécifique en tête. Considérez vos cristaux comme des entités vivantes qui reçoivent des instructions. Lorsque vous leur donnez l'intention de servir, ils le font en amplifiant cette intention dans l'univers.

2. Placez une offrande sur votre autel, pour honorer vos ancêtres.
3. Installez aussi bougies, huiles essentielles, plumes ou coquillages.
4. Purifiez-vous ainsi que l'espace avec vos herbes sacrées pour nettoyer toute énergie stagnante ou indésirable.

Vous disposez maintenant d'un espace sacré qui magnifie tranquillement vos intentions et s'aligne sur la puissance de l'univers, tout en vous rappelant les énergies que vous appelez. Utilisez votre autel pour : la cérémonie, la méditation, la prière, l'offrande de gratitude et tout ce qui vous guide pour travailler avec lui.

NOTE : à certains moments, il se peut que vous souhaitiez ériger un nouvel autel pour marquer une nouvelle phase ou une transition dans votre vie : changement de saison (solstice équinoxe), nouvelle année, anniversaire, nouvelle carrière, fiançailles ou une nouvelle entreprise. Quelle que soit la raison, installez toujours votre nouvel autel avec des intentions qui vous sont propres.

# Les quatre points cardinaux, la Terre Mère et le Ciel Père

Invoquer les Quatre Directions, la Terre Mère et le Ciel Père implique d'appeler divers aspects de l'Esprit. C'est essentiel pour créer un espace sacré lors d'une cérémonie, d'un rituel ou de soins, et dans de nombreuses cultures, honorer les directions fait partie intégrante de tout travail sacré.

Les Quatre Directions sont les gardiens spirituels de votre espace, vous permettant d'ancrer votre corps et votre âme au centre de l'univers. Ciel Père, Terre Mère et Créateur sont aussi appelés à intervenir, pour vous relier au-dessus, au-dessous et au centre. Ensemble, ils forment les sept directions de l'espace sacré.

Partout et depuis toujours on a honoré et reconnu les Quatre Directions – sud, ouest, est et nord – comme des énergies archétypales sacrées. Les anciens les nommaient en fonction de leur environnement, de leur langue et de leur culture, et il existe donc de nombreuses façons de travailler avec elles, selon la tradition suivie. Chaque culture et chaque tribu leur associent ses propres archétypes, éléments, couleurs et animaux. Ce qui importe, c'est la reconnaissance et le travail avec ces énergies, et non la façon dont elles sont identifiées. L'intention fait tout.

## Invoquer les directions

Trouver vos mots et votre approche pour appeler et honorer les directions est plus puissant que répéter des phrases qui ne vous viennent pas du cœur. L'appel peut se faire à haute voix ou en silence.

Que vous vous teniez les mains ouvertes face à chaque direction, que vous agitiez un hochet dans chaque direction ou que vous soyez assis confortablement, les yeux clos, en méditation – là encore, l'intention est la clé.

Plus vous travaillez avec les directions, plus vous serez guidé pour le faire d'une manière qui vous est propre. Pour l'heure, voici une façon d'appeler les Quatre Directions, la Terre Mère et le Ciel Père.

## Sud

Aux Esprits du Sud, de l'élément feu, du Grand Serpent, je vous appelle dans cet espace. Montrez-moi comment transmuter et transformer le passé comme mue votre peau. J'appelle l'élément feu : apprenez-moi à briller si fort que ma passion inspire les autres. J'appelle Sekhmet, la lionne : apporte guérison et lumière dans cet espace. Merci, et ainsi soit-il, Aho.

**Suggestions pour l'autel sud**

» Bougie, feu (dans un chaudron), encens, couleur rouge, image du Soleil.

» Pyramide de cristal ou objet en obsidienne.

» Figurine d'un jaguar, d'un lion, de Sekhmet, de Pelé, d'un serpent, du Soleil, d'un dragon, d'un phénix.

» Huiles essentielles : encens, sang de dragon, cannelle.

» Cristaux : rubis, cornaline, opale de feu.

## Ouest

Salut à l'Ouest, Mère Jaguar, je t'invite dans cet espace. Aide-moi à voir mes ombres et mes peurs afin que je me libère de mes histoires. J'appelle les Orcas ; je vous demande de m'apprendre à marcher sans avoir peur de la mort et à accepter les cycles de la vie. Élément eau : apprends-moi la fluidité des cycles de la vie, je t'honore. Merci, et ainsi soit-il, Aho.

**Suggestions pour l'autel ouest**

» Objets bleus, cristaux en forme de cœur, œuf de yoni, boule de cristal, Ankh, coquillage.

» Coupe/verre/calice/bol d'eau, photos d'une étendue d'eau. La couleur bleue ou verte.

» Figurine de sirène ou de divinité féminine.

» Huiles essentielles : rose, vétiver, ylang-ylang.

» Cristaux : larimar, aigue-marine, kyanite noire.

## Nord

J'appelle les esprits du Nord, l'élément terre, je vous invite ici, protégez cet espace de guérison. Grand Hibou, montre-moi ta sagesse et ton savoir, sois ici. Je convoque mes ancêtres, enseignez-moi le courage de surmonter les défis de la vie. Anciens, soyez ici avec moi, je vous honore. Merci, et ainsi soit-il, Aho.

**Suggestions pour l'autel nord**

» Nourriture, pierres, sol, arbres, plantes, gland, monnaie.

» Images d'arbres, de montagnes.

» Os ou corne.

» Figurine de colibri, hibou, Gaia, loup, buffle, Isis, couleur verte, noire ou rouge.

» Huiles essentielles : patchouli, cyprès, bois de cèdre.

» Cristaux : tourmaline noire, shungite, chrysocolle.

## Est

Esprits de l'Est, grand Aigle/Condor, je vous invite dans cet espace, prenez-moi dans votre essor pour que je puisse voler sur les ailes déployées du Grand Esprit, pour atteindre ma plus haute destinée. Élément Air, enseigne-moi ta sagesse, que je comprenne les grands mystères, bienvenue à toi. Merci, ainsi soit-il, Aho.

**Suggestions pour l'autel est**

- Sauge blanche, bois de santal, encens, plumes, fleurs/plantes, chants, prières écrites ou paroles.
- Couteau rituel, épée, carillon à vent ou en bambou.
- Figure d'aigle, de hibou ou de Kuan Yin, image du Soleil, d'oiseaux ou de nuages, couleur jaune.
- Huiles essentielles : menthe poivrée, agrumes, citronnelle.
- Cristaux : citrine, fluorine, célestite.

## Terre Mère

J'en appelle à notre Mère la Terre, merci de subvenir à toute vie sur Terre. J'invite les énergies des pierres, des cristaux, du petit peuple et du royaume élémentaire.

## Ciel Père

J'en appelle au Ciel Père, au Soleil, à la Lune et aux étoiles. Aides spirituelles, guides, gardiens, anges et ancêtres, je vous invite dans cet espace. Apportez-nous la guérison, la guidance et la protection. Merci, ainsi soit-il, Aho.

## Créateur

Créateur, Grand Esprit, Dieu, Christ, je t'invite dans cet espace, merci pour la sagesse de mon cœur et de mon âme. Merci pour cette vie sacrée. Merci, ainsi soit-il, Aho.

Travailler avec les Quatre Directions, la Terre Mère, le Ciel Père et le Créateur apporte équilibre et croissance spirituelle. Lors de la création de l'espace sacré, n'hésitez pas à faire appel à tout autre soutien divin : esprits, alliés, guides, gardiens et ancêtres avec lesquels vous souhaitez travailler.

NOTE : ces invocations invitent les sept directions de l'espace sacré par le biais de plusieurs traditions. Les suggestions vous donnent un éventail d'options et de symboles pour chaque autel. Au fur et à mesure que vous développerez votre propre relation avec les énergies, vous leur donnerez votre propre sens et pourrez même les placer dans une direction différente. Il n'y a pas de mauvaise manière de s'y prendre.

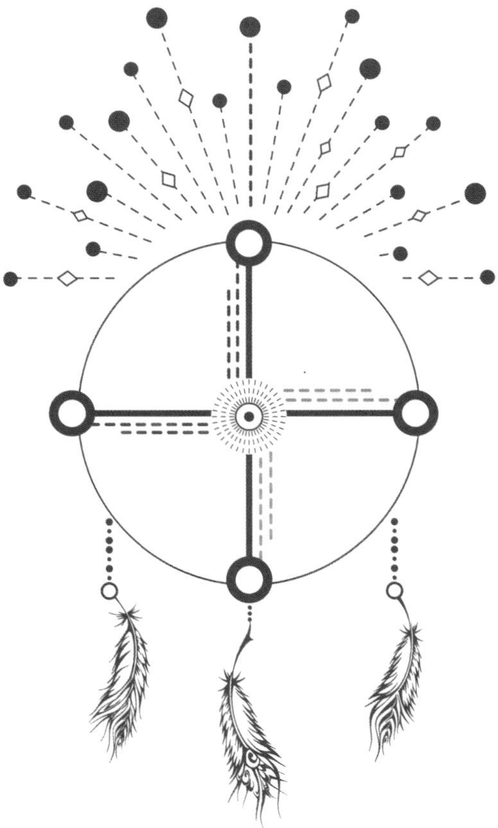

# Esprits auxiliaires, guides, alliés et ancêtres

Ce que nos yeux voient dans notre monde en trois dimensions n'est pas tout. Nous vivons dans un univers multidimensionnel, entouré d'esprits auxiliaires, d'alliés, de guides, de gardiens et d'ancêtres pouvant offrir soutien et protection. Ils ne communiqueront avec vous que sur votre demande – vous devez donc en avoir l'intention. Gardez à l'esprit que les guides, les gardiens et les alliés spirituels sont des extensions de votre conscience supérieure, qui peuvent vous apparaître sous la forme d'un esprit assistant afin que vous puissiez les percevoir. Peut-être avez-vous envie d'apprendre à vous connecter directement à votre conscience supérieure et à votre Source intérieure. Mais la connexion aux ancêtres et aux aides spirituelles peut aussi être bénéfique. Apprendre à communiquer avec eux demande de la pratique. Leur coopération et leur aide dans la réalisation de vos intentions demandent de la gratitude et la volonté sincère de travailler avec humilité et amour universel.

Tout est énergie, y compris la communication. Les informations transmises et reçues en sont donc une forme. Nous percevons tous différemment l'énergie et la communication du monde des esprits ; nous avons tous une façon unique de nous connecter aux esprits et de recevoir leur message. Pour certains d'entre nous, ils sont perçus visuellement, d'autres les entendent, les sentent, ou les goûtent, chez d'autres enfin le sentiment profond de connaître le message qui leur est délivré remplace les perceptions extrasensorielles Enfin, pour certains il s'agira d'une combinaison d'impressions ou de perceptions sensorielles supérieures, comme la télépathie. La façon dont vous recevez un message n'a pas d'importance ; ce qui compte le plus, c'est que vous soyez ouvert à le recevoir.

Ces différentes formes de réception d'informations du monde des esprits sont considérées comme des sens clairs et correspondent aux cinq sens : voir, entendre, sentir, goûter et connaître. La plupart d'entre nous ont un sens clair qui est plus dominant que les autres. Pour communiquer avec le monde des esprits, il est utile de déterminer votre sens dominant entre la clairvoyance : voir clairement, la clairaudience : entendre clairement, la clairsentience : ressentir clairement, la clairalience : sentir clairement, la clairgustance : goûter clairement, et la claircognizance : savoir clairement.

## Méditation pour découvrir votre clair dominant

Voici une excellente pratique pour découvrir votre clair dominant.

Créez un espace sacré. Appelez votre équipe spirituelle et votre conscience supérieure, demandez leur protection tout en purifiant l'espace à l'aide de sons ou d'herbes.

Asseyez-vous ou allongez-vous confortablement, les yeux fermés. Inspirez profondément par le nez et expirez par la bouche trois fois.

Imaginez qu'un faisceau de lumière part du chakra racine (à la base de votre colonne vertébrale) et se dirige vers la Terre, que vous vous sentez connecté et ancré à la Terre Mère. Restez ancré, tout en dirigeant cette même énergie lumineuse vers le haut, à travers les chakras racine, sacré et du plexus solaire, en nettoyant chacun d'eux au fur et à mesure qu'il se dirige vers le chakra du cœur.

Concentrez-vous un instant sur le chakra du cœur, en respirant profondément par le nez. Imaginez l'air passer par le centre de votre cœur. Faites monter l'énergie par le haut de votre crâne, ouvrez le chakra de la couronne, pour

vous connecter au champ d'énergie vibratoire supérieure, qui vous surplombe. Continuez à faire monter l'énergie jusqu'à ce que vous sentiez vos yeux papillonner.

Connectez-vous avec intention à l'un de vos esprits, alliés, guides, gardiens, ancêtres ou à votre conscience supérieure. Invitez ceux venus avec un amour inconditionnel et pour votre plus grand bien.

Videz votre esprit des pensées ou des sentiments de la journée, afin de recevoir les informations plus clairement. Dites à haute voix ou en silence : « J'appelle mon guide spirituel dans cet espace. Je veux établir une relation et une communication claire avec toi. »

Soyez présent et observez ce qui se passe.

Prêtez attention aux couleurs, sons, odeurs, goûts ou sensations. Si vous ressentez une présence, une impression, une chaleur ou un frisson, c'est un signe de clairsentience. Si vous entendez quelque chose, la clairaudience pourrait être dominante chez vous. Si vous voyez des images ou des photos dans votre esprit, il s'agit de clairvoyance, etc. Faites attention à ce qui se présente en premier – ce sera votre clair dominant.

Ne jugez pas et ne rationalisez pas vos ressentis ; si la signification n'est pas claire, elle vous viendra avec le temps. Soyez toujours reconnaissant de ce que vous recevez.

Écrivez ce qui vous vient à l'esprit. Une pratique régulière de l'écriture vous aidera à consolider vos expériences. Exercez-vous quotidiennement jusqu'à ce que vous ayez défini votre clair dominant. Soyez patient, car établir une relation initiale peut prendre du temps. Faites confiance et ayez foi en ce que vous recevez.

Une fois votre clair dominant connu, continuez à méditer pour approfondir votre relation avec les esprits qui vous aident et pour vous connecter à vos clairs plus faibles. Au fur et à mesure que vous développerez une communication claire avec vos esprits aidants, vos relations s'approfondiront.

## Ce dont il faut être conscient lorsque l'on communique avec le monde des esprits

LIBRE ARBITRE : tous les esprits et les ancêtres avec lesquels vous entrez en contact ne sont pas là pour votre bien. Il existe des esprits de vibrations inférieures qui ont leur propre agenda. Un véritable esprit auxiliaire n'essaiera jamais de vous faire renoncer à votre libre arbitre. Si l'esprit vous pousse à agir à l'encontre de votre volonté, il s'agit très probablement d'un esprit de vibration inférieure et non d'un véritable guide. Demandez toujours à être protégé avant d'entrer en contact avec le monde des esprits.

INTUITION : fiez-vous à votre instinct lorsque vous travaillez avec des esprits. Laissez-les gagner votre confiance au fur et à mesure que vous développez une relation avec eux. Demandez toujours le meilleur pour vous, mais commencez par poser des questions simples ne modifiant pas votre vie. Posez les informations fournies, appliquez-les et évaluez les résultats. Si l'interaction ne vous convient pas, vous pouvez vous désengager et leur dire de partir.

Vos esprits auxiliaires, alliés, guides, gardiens et ancêtres communiquent avec vous de bien des façons, et cela peut ne pas se produire pendant la méditation elle-même. Continuez à demander de l'aide et à poser des questions, et laissez ouvertes les voies de communication. Soyez attentif aux signes et aux symboles qui vous entourent : vous recevrez votre message notamment par le biais de séquences numériques, de synchronicités, de rêves, de musique, de livres, d'animaux et de votre intuition.

# Le pouvoir de la prière

Le monde des esprits est l'endroit où résident les entités auxiliaires : esprits de la nature, des royaumes animal, minéral et végétal, guides et gardiens, anges, saints, dragons, divinités, étoiles, etc. Le Grand Esprit, le Créateur, Dieu, le Christ, la Source universelle et le Divin sont interchangeables et représentent le champ d'énergie, source de tout ce qui est. Ce point zéro énergétique de l'amour divin existe en et autour de vous. Avec lui, vous pouvez cocréer votre réalité par la prière.

La prière est une pratique chamanique puissante qui transforme vos intentions – ce que vous voulez – en réalité. Travailler avec le monde des esprits et le Grand Esprit pour le plus grand bien est essentiel pour mener un mode de vie chamanique. La prière ouvre la porte au monde invisible et constitue un véhicule direct de communication entre votre conscience supérieure et le Grand Esprit.

Du plus simple au plus miraculeux, il faut demander pour recevoir. Une prière est une demande de ce que vous désirez, et c'est lorsqu'elle vient sincèrement du cœur et qu'elle vise votre plus grand bien qu'elle est la plus puissante. Vous avez le libre arbitre de choisir votre voie et de créer votre rêve sacré – si vous ne donnez pas au Grand Esprit la direction de ce que vous recherchez, vous laissez votre vie à la merci du hasard. La prière permet d'accomplir tellement plus de choses que la tentative de contrôler les résultats. En vous alignant sur le Divin, vous vous ralliez aux forces de la création, et la prière peut modifier votre réalité consciente au niveau moléculaire.

On peut aussi prier pour d'autres personnes malades ou qui ont besoin d'aide, pour des groupes, pour notre Terre et pour des terres spécifiques. Lorsqu'une prière est faite collectivement avec une intention claire, que ce soit la guérison d'un individu ou de la planète, l'énergie est amplifiée. Lorsque le groupe prie, avec le cœur et pour le plus grand bien, et avec des émotions qui reflètent la guérison qui a déjà eu lieu, les résultats sont profonds et miraculeux. L'étendue de l'utilisation de la prière est sans limites et l'ampleur des résultats peut être profonde.

## Comment prier

La prière est un pouvoir sacré qui vous est accessible en tout temps et lieu. Il peut s'agir de mots prononcés à voix haute ou de pensées ou d'un sentiment, une vibration ou une visualisation. Quelle que soit la façon dont vous communiquez votre prière, il y a une loi universelle très importante à suivre : pour tout ce que vous souhaitez obtenir par la prière, il est important d'agir comme si vous l'aviez déjà reçu. Pour ce faire, vous devez incarner l'énergie de ce que vous souhaitez faire entrer dans votre vie.

Pendant que vous priez, ressentez profondément la gratitude, la joie et les émotions que vous ressentiriez si vous aviez déjà ce que vous demandez. C'est ce qui active votre prière. Puis, vous remettez votre prière au Grand Esprit – une puissance supérieure qui sait bien mieux que vous comment orchestrer vos désirs et manifester vos intentions. Vous renoncez à tout contrôle et vous faites confiance au timing divin et à sa parfaite maîtrise des événements de votre vie.

Après avoir fini de prier en retournant à vos activités, continuez à penser, vous sentir, à parler et à agir comme si votre prière avait été exaucée. De cette façon, votre état d'être devient votre prière. L'intention et la gratitude vous permettent de recevoir ce que vous invitez par la prière.

## Prière d'assistance et de protection

Grand Esprit, je suis libéré des croyances et des schémas limitants de cette vie et de toutes les vies qui m'empêchent d'être authentique. Merci, ainsi soit-il, Aho.

Si vous ne savez pas déjà ce que vous voulez, vous pouvez demander ce qui est pour votre plus grand bien et le plus grand bien de tous :

Grand Esprit, je fais appel à ta protection et à ton assistance dans la situation de ______________. Je fais confiance à ta guidance et je demande le meilleur résultat possible pour le plus grand bien de toutes les personnes impliquées.

## Prière pour purifier un espace

Je demande à mon Moi supérieur, à mes gardiens, à mes esprits auxiliaires et aux plus hauts niveaux de lumière de nettoyer, de purifier et d'assainir cet espace. De m'aider à libérer toutes les énergies lourdes et indésirables dans cet espace, qui ne me sont pas bénéfiques. Je vous remercie profondément, et ainsi soit-il.

## Prière pour la consécration d'un lieu

J'appelle l'Esprit Divin présent en toutes choses. J'appelle mon équipe d'aides spirituelles et le cosmos. Je vous remercie pour votre protection et votre assistance. Je remplis cet espace d'amour, de joie et de prospérité. Lorsque j'entre dans ce sanctuaire, je me sens à l'aise et chez moi. L'énergie de cet espace est en harmonie avec mon dessein le plus élevé. Cet espace enrichit ma vie dans tous les domaines. Avec un amour et une gratitude sincères, je vous remercie. Ainsi soit-il, et ainsi est-ce, Aho.

# 06
# Les cinq grands éléments

**Nos ancêtres savaient que l'univers, la nature, notre corps et le monde sont constitués des quatre éléments de la création : l'air, le feu, l'eau et la terre. L'air représente le gaz, le vent, le mouvement et le changement. Le feu transforme les états de la matière – des solides aux liquides, des liquides aux gaz, et inversement. L'eau en représente tous les états liquides, et la terre tous les solides. L'Akasha – le cinquième élément – permet à tout d'exister et c'est là que toute la matière est formée.**

Les cinq grands éléments sont cinq états de la matière qui correspondent à des énergies différentes. Ils se reflètent dans la nature à travers les cycles : passage des saisons, printemps (air), été (feu), automne (eau) et hiver (terre) ; cycles de vie, de destruction, de mort et de renaissance.

Votre corps physique est vivant parce que les éléments sont en vous. Les connaître vous permettra de comprendre les lois de la nature, de votre corps et de l'univers, et de savoir comment leur équilibre dans votre corps et votre environnement vous ramène à un état d'harmonie et augmente votre pouvoir personnel, votre santé, votre croissance spirituelle et votre bonheur.

## Air, Feu, Eau, Terre, et Akasha

Les anciens – chamans, guérisseurs, magiciens et alchimistes – savaient que le pouvoir des éléments tisse la trame de la création. Vers 450 av. J.-C., le philosophe, guérisseur et scientifique grec Empédocle décrit les quatre éléments que sont l'air, le feu, l'eau et la terre comme l'origine de toute matière, notion au cœur de la médecine, des philosophies et pratiques spirituelles de la Grèce antique.

Le cinquième élément, que le philosophe grec Aristote a appelé éther, est aussi connu sous le nom d'Akasha en Inde, de quintessence en Europe, d'espace, d'esprit, de force vitale universelle et de Dieu.

La Grèce n'est pas la seule civilisation à savoir que toute matière est issue des cinq éléments. Ceux-ci étaient connus en Perse, en Égypte, en Babylonie, en Inde, en Chine, en Corée, au Japon et au Tibet. On retrouve le sacré de ces phénomènes naturels dans certaines religions. Dans le bouddhisme, les quatre éléments sont une base pour s'observer soi-même afin de comprendre la souffrance humaine et comment s'en libérer. Dans l'hindouisme, les cinq éléments forment le système de l'Ayurvéda, une philosophie de la santé utilisée aujourd'hui comme médecine alternative.

# Maîtriser le pouvoir des éléments

En s'accordant à l'énergie des cinq éléments, nos ancêtres maintenaient l'équilibre de leur corps et vivaient en harmonie avec la Terre Mère et les cycles naturels de la vie, la mort et la renaissance. Ils se reflètent dans le monde extérieur de la nature, comme ils sont aussi en nous, dans notre corps et notre esprit.

Nous sommes composés des substances chimiques des quatre éléments ; nous sommes les éléments. Ils permettent donc à notre corps de fonctionner. L'air est votre souffle. Le feu vous donne de l'énergie, permettant la digestion et la faim. L'eau représente les fluides corporels, le sang et la lymphe. Toutes les structures solides de votre corps – les dents, les os, la peau et les cheveux – sont terre. L'Akasha est l'espace dans lequel votre corps réside. Lorsqu'un élément est déséquilibré – physiquement ou énergétiquement –, le corps se dérègle, entraînant des maladies. Ils représentent tout ce qui se trouve en et autour de nous. Comme nous sommes interconnectés avec notre milieu, lorsque les éléments ne sont pas en harmonie, cela se reflète dans le fonctionnement de nos chakras. Ils sont associés aux chakras ; aussi, si un élément est déséquilibré, le chakra correspondant sera déséquilibré, ainsi que la zone du corps qui lui est associée.

Comment alors les mettre en œuvre dans sa vie ? D'un point de vue chamanique, les cinq éléments nous enseignent à aspirer à l'harmonie en nous-mêmes et dans notre vie. En apprenant à travailler avec eux, vous mettez ce principe en action. Vous apprendrez que tout existe en un cycle continu, relié au tout.

Le changement et la transformation sont au cœur de la cérémonie et du rituel. En y assistant, vous remarquez des changements subtils et profonds dans votre vie. La cérémonie accède à votre psyché et modifie vos perspectives. L'objectif principal est de restaurer votre intégrité et de lever le voile entre le monde physique et le monde invisible. Là, avec une intention pure, vous pouvez vous connecter profondément à la Source universelle.

Les cinq grands éléments étaient considérés comme sacrés par nos premières civilisations et étaient invoqués pour des rites de purification, de guérison, de bénédiction et de maîtrise de soi. Vous pouvez apprendre à travailler avec les éléments de manière similaire, à travers des cérémonies et des rituels.

Les éléments peuvent être utilisés pour chasser les énergies pesantes ou pour inviter à des énergies d'harmonie et d'abondance. En développant une relation avec les éléments et en apprenant à maîtriser leur pouvoir, l'alchimie et sa force créatrice deviennent vos alliées.

## L'élément air

L'air est le souffle vital, votre force de vie. C'est le souffle de votre esprit. Il représente les vents du changement, de la flexibilité et des nouveaux départs. Élément masculin de communication, de sagesse et d'intelligence. Là s'y forment nos idées, plans, visions et rêves.

L'élément air nous permet de chercher signes et divinations en écoutant le vent. Ses esprits transmettent les messages du Divin. L'air est lié au ciel, aux nuages, au cosmos, aux êtres ailés, sylphes, fées, esprits, divinités, dieux et royaumes supérieurs. Il régit l'enseignement, l'information, les voyages, les ordinateurs, les pouvoirs psychiques et l'apprentissage. Cet élément représente le monde du dessus dans le chamanisme.

Une personne air a souvent de grandes capacités de communication, une pensée rapide et de l'esprit. Lorsqu'il est déséquilibré, on peut avoir du mal à s'adapter à la nouveauté, être nerveux, s'engager dans de nombreuses entreprises et avoir du mal à donner suite à ses idées.

### Équilibrer l'élément air

Pour équilibrer l'élément air, concentrez-vous sur vos profondes respirations abdominales. Il existe beaucoup de techniques de respiration. Le chant, la récitation de mantras et l'expression vocale équilibrent également l'élément air. À l'extérieur, travaillez avec le vent, ressentez sa qualité grâce à la brise sur votre peau. Utilisez des plumes pour nettoyer l'énergie sur le corps et dans les lieux pour y équilibrer l'élément air. Écrire et parler correctement, être attentif à ce que vous dites, pratiquer le mouvement (comme le yoga), voyager et observer les oiseaux vous connectent également à l'élément air.

» Direction : Est

» Saison : Printemps (automne dans l'hémisphère sud)

» Fête : Ostara

» Outils : Plumes, carillons, bol chantant en cristal, encens

» Esprits/dieux/déesses : Athéna, Zeus, sylphes, dévas et fées

» Signes du zodiaque : Gémeaux, Balance, Verseau

» Planètes : Mercure, Jupiter, Uranus

» Chakra : Cœur (Anahata)

» Cristaux : Citrine, quartz fumé, lapis-lazuli

» Herbes : Fenouil, lavande, encens, foin d'odeur

» Couleurs : Jaune, blanc, bleu

» Mantra : Yam (prononcé « yang »)

### Cérémonie de l'air

Une cérémonie de l'air chamanique vous connecte aux esprits de l'air. Ils sont une conscience vivante en nous, présente dans notre respiration et dans l'atmosphère de notre planète. Grâce à la cérémonie, vous pouvez entrer en lien et ils peuvent être source de conseils.

Effectuez une cérémonie de l'air chaque fois que vous vous sentez bloqué et rigide. Les vents de l'élément air vous aideront dans les périodes de changement et de transition. Avec de la pratique, vous développerez votre relation.

**Cérémonie**

Trouvez un endroit paisible dans la nature, de préférence près d'arbres. Asseyez-vous, ouvrez un espace sacré et invoquez les quatre directions. Exprimez votre intention de vous connecter à l'élément air, en appelant les esprits de l'élément air avec révérence et en leur témoignant votre sincère gratitude.

Imaginez des racines qui descendent de votre chakra racine, à la base de votre colonne vertébrale, jusqu'à la terre. Connectez-vous à la terre et ressentez son énergie en dessous de vous.

Prenez trois respirations profondes par le nez et expirez par la bouche. Continuez à prêter attention aux sensations du souffle qui entre et sort de votre nez et pénètre dans vos poumons. Sentez votre ventre monter sur l'inspiration et descendre sur l'expiration.

Sentez l'air toucher votre peau. Y a-t-il une brise qui circule autour de vous ? Imaginez que le vent purifie votre corps des énergies lourdes de la tête aux pieds.

Faites maintenant attention à la qualité du vent : est-il fort ou est-ce plutôt un murmure ? Remarquez s'il fait bouger les feuilles. Observez comment les arbres bougent. Contemplez les domaines de votre vie où vous pouvez vous aussi être plus souple. Envoyez de la gratitude aux esprits de l'air.

Visualisez à présent un rayon de lumière dorée envoyé depuis votre chakra couronne, au sommet de votre tête, vers le monde du dessus. Ressentez l'énergie vibratoire supérieure au-dessus de vous. Est-elle plus légère que l'énergie terrestre en dessous ? Aimez-vous cette sensation ?

Restez là tant que vous le souhaitez. Vous pouvez poser une question et voir si des informations ou des idées vous viennent, ou juste être là. Lorsque vous sentez que vous avez terminé, ramenez votre énergie vers le chakra couronne et du cœur. Respirez profondément par le centre de votre cœur.

Exprimez votre gratitude pour tout ce que vous avez appris et expérimenté, remerciez l'élément air, et fermez l'espace. Vous pouvez écrire dans un journal tout ce qui vous vient à l'esprit.

## L'élément feu

C'est un élément masculin qui nous donne l'énergie et la volonté d'agir. Symbole de transformation, de purification, de la mort et de la renaissance, le feu nous aide à transmuter nos aspects inférieurs, nos croyances limitantes en énergies productives. Il apporte la lumière à l'obscurité, en brûlant notre ancienne identité et en dissolvant notre ego. Le feu crée et détruit. Il représente la digestion, le pouvoir personnel, la volonté, la passion, la vitalité, la créativité et le courage.

Cet élément purifie et nous libère de ce qui ne nous sert plus et empêche notre épanouissement. Les esprits du feu nous enseignent à chasser l'ancien pour faire place au nouveau. Il est lié au phénix, aux dragons et aux salamandres ; il régit la planification et la concrétisation, les inventions et les dirigeants. Selon le chamanisme, le feu aide à communiquer avec les ancêtres et les esprits.

Une personne feu est passionnée, audacieuse, forte, visionnaire et concentrée. Un feu déséquilibré peut se manifester par une faible estime de soi, de l'insouciance, un épuisement professionnel, une dépression, de l'anxiété, une inflammation et des émotions excessives.

### Équilibrer l'élément feu

Pour équilibrer l'élément feu, allumez une bougie, regardez la flamme et demandez-lui de transmuter les énergies bloquées. On peut nettoyer les schémas de pensée négatifs et harmoniser son feu par la méditation, le mouvement conscient (yoga, tai-chi, etc.), la nage et les activités aquatiques douces, ou la danse consciente (transe, danse des 5 rythmes, etc.) Danser ou prier autour

du feu peut aider à purifier les énergies bloquées et à vous connecter à l'esprit de toute chose. Célébrer la vie et créer une communauté sont également des moyens d'équilibrer l'élément feu.

» Direction : Sud (nord dans l'hémisphère sud)
» Saison : Été
» Fête : Solstice d'été (Litha)
» Outils : Bougie, baguette, épée
» Esprits/dieux/déesses : Râ, Pelé, Sekhmet, Brigide, Hedes, Loki
» Signes du zodiaque : Bélier, Lion, Sagittaire
» Planètes : Soleil, Mars, Jupiter
» Chakra : Plexus solaire (Manipura)
» Cristaux : Obsidienne, cornaline, œil-de-tigre, pierre solaire
» Herbes : Angélique, sang de dragon, romarin, cannelle
» Couleurs : Or, rouge, jaune, orange
» Mantra : Ram (prononcé « rang »)

## Cérémonie du feu

Vous pouvez réaliser une cérémonie du feu dès que vous vous sentez appelé à le faire ou au moment du solstice, de l'équinoxe, d'événements astrologiques ou de périodes propices, comme le Nouvel An. Faites-le en cas de blocage, de désir de créer du neuf ou si vous sentez simplement le besoin de changer l'énergie.

**Cérémonie**

C'est une pratique chamanique puissante utilisée pour libérer les énergies indésirables et les liens du passé et faire place aux nouvelles intentions. Utilisez-la pour évacuer les souvenirs malheureux, les peurs, les schémas de pensée inutiles, les émotions négatives et tout ce à quoi vous vous accrochez et qui ne sert pas votre conscience supérieure. En relâchant ces énergies indésirables dans le feu, vous guérissez au niveau de l'âme.

Connectez-vous à votre cœur et demandez : « Que dois-je libérer ? Qu'est-ce qui ne me sert plus ? » Rassemblez des photos, dessinez ou créez, et écrivez ce que vous voulez libérer ou l'intention que vous voulez introduire. Trouvez une offrande à brûler, parfois appelée « flèche spirituelle », qui représentera l'intention, le problème ou ce dont vous vous débarrassez.

Préparez un feu à l'aide d'un brasero, d'une lanterne ignifugée, d'un bol en métal, d'une bougie ou d'un barbecue. Pas besoin qu'il soit énorme, mais veillez à la sécurité. Prévoyez une carafe d'eau ou un tuyau d'arrosage.

Ouvrez l'espace sacré et appelez les quatre directions, la Terre Mère et le Ciel Père. Appelez tout soutien divin qui vous attire : l'esprit, la conscience supérieure, Dieu, la Source universelle, les esprits auxiliaires, les animaux de pouvoir, les gardiens et les ancêtres. Jouez du tambour, du hochet, et chantez, si vous le souhaitez.

Demandez à l'esprit du feu de vous purifier et de libérer ce que vous voulez lâcher. Priez les esprits de la terre de recevoir ce que vous libérez.

Placez chaque objet dans le feu en nommant ce que vous libérez (vous pouvez le dire à voix haute ou dans votre tête).

Soufflez sur un bâton, avec l'intention que ce que vous libérez s'éteigne avec votre souffle, et offrez le bâton au feu. Si autre chose se présente au cours de la

cérémonie, nommez-le et libérez-le. Ne portez aucun jugement sur ce que vous libérez.

Remerciez le feu et éteignez-le. Fermez l'espace sacré, remerciez le Divin et les esprits élémentaires : terre, vent, feu, air.

Ne vous souciez pas de le faire parfaitement ; c'est l'intention qui compte. Laissez votre intuition vous guider. Libérez-vous de tout attachement au résultat. Lors de la cérémonie, vous serez surpris par la magie qui se déploie.

## L'élément eau

L'eau est le carburant universel qui soutient la vie. Plantes, animaux et humains ne peuvent vivre sans eau. C'est un élément féminin d'une puissance douce, mais immense qui nettoie et guérit. Les émotions résident dans ses vagues, permettant à votre cœur de s'ouvrir avec compassion. L'eau guide et nourrit les rêves, l'intuition, l'introspection, la fluidité, l'amour inconditionnel et les facultés psychiques.

Cet élément a trait au lâcher-prise et à la liberté. Les esprits de l'eau nous apprennent à aller et venir, à nous adapter et à contourner les obstacles avec facilité. L'eau est liée aux artistes, aux musiciens, aux ondines et aux sirènes. Elle représente l'inconscient, les eaux de la Terre, l'amour, la guérison, la paix, l'utérus et la fertilité.

Une personne ayant un élément eau fort a une énergie apaisante. Elle peut suivre le courant. Elle est indulgente et possède un corps émotionnel sain. En cas de déséquilibre de l'eau, une personne pourra être détachée, craintive, trop émotive et manquer de limites.

## Équilibrer l'élément eau

Harmonisez-le en observant un plan d'eau : lac, ruisseau, océan ou cascade. Pendant votre contemplation, réfléchissez à la manière de créer plus de fluidité dans votre vie. Écoutez des enregistrements d'eau qui coule. Faites un despacho d'eau (voir page 156). Dites vos prières dans une tasse ou une coupe d'eau et mettez-la sur votre autel ou buvez-la.

- Direction : Ouest
- Saison : Automne (printemps dans l'hémisphère sud)
- Fête : Mabon (équinoxe d'automne)
- Outils : Coupe, bol, chaudron, coquille d'ormeau
- Esprits/dieux/déesses : Isis, Marie, Aphrodite, Yemaya, Osiris
- Signes du zodiaque : Cancer, Scorpion, Poissons
- Planètes : Lune, Vénus, Neptune
- Chakra : Sacré (Swadhisthana)
- Cristaux : Pierre de lune, sélénite, amazonite, quartz rose
- Herbes : Camomille, armoise, rose
- Couleurs : Bleu, vert, turquoise
- Mantra : Vam (prononcé comme « vang »)

## Cérémonie de l'eau

Les eaux de l'océan se meuvent en permanence, qu'elles soient calmes ou agressives. Les marées montent et descendent, dans un mouvement de va-et-vient. Tout comme l'océan, lorsque l'élément eau est équilibré, vous laissez les émotions surgir naturellement et vous traverser. Si elles sont difficiles à accepter et que vous avez du mal à suivre leur courant, votre état émotionnel sera instable.

Vous pouvez le rééquilibrer par une cérémonie, en invoquant l'élément eau dans votre journée, ou en observant l'eau s'écouler sans effort. Au fur et à mesure du rééquilibrage, il vous sera plus facile de vous abandonner et de vous laisser porter par les événements de la vie.

S'immerger dans un bain cérémoniel – pris dans un but spirituel avec une intention spécifique – est un moyen merveilleux de s'aligner à cet élément. Une cérémonie de l'eau est relaxante, nettoyante et purifiante, et vous relie à l'Esprit. Les bains rituels sont bons pour de nombreuses intentions, et vos ajouts lui donnent plus de magie, de puissance et de profondeur. Certaines dates propices en augmenteront la puissance.

**Cérémonie**

Avant d'utiliser huiles essentielles, cristaux, herbes et fleurs, vérifiez qu'ils sont sans danger et peuvent être immergés dans l'eau. Testez-les sur votre peau et, si vous prévoyez d'en utiliser plusieurs, vérifiez leur compatibilité. Pour les herbes, ajoutez de l'eau infusée au bain (ce qui facilite le nettoyage), ou placez-les dans un filtre à thé et laissez infuser dans le bain. Il est agréable de placer directement les fleurs et pétales dans le bain. Prenez plaisir à faire votre sélection !

Commencez par vous demander quel est le but de la cérémonie du bain. Y a-t-il quelque chose de spécifique que vous voulez libérer ou sur lequel vous voulez être guidé ? Rassemblez les ingrédients qui correspondent à votre intention pour le bain. Voici quelques suggestions : roses, cristaux, huiles essentielles, herbes, une tasse de sels d'Epsom, bougies, briquet, sauge, un coquillage ou un chaudron, musique et eaux de guérison recueillies sur des sites sacrés.

Faites couler le bain et allumez les bougies. Purifiez-vous ainsi que le lieu avec de la sauge ou une herbe de votre choix.

Ouvrez l'espace sacré en appelant les Quatre Directions, la Terre Mère et le Ciel Père. Appelez tout soutien divin dont vous pensez avoir besoin : l'esprit, la conscience supérieure, le créateur, Dieu, la Source universelle, les esprits auxiliaires, animaux de pouvoir, gardiens et ancêtres. Faites appel à l'élément eau et indiquez votre intention pour le rituel. Il peut simplement s'agir de vous connecter à l'élément eau ou d'apporter plus de fluidité dans votre vie.

Si vous en avez, déposez les pétales de rose, en offrant chacun d'entre eux à l'eau avec amour et gratitude. Ajoutez les huiles essentielles et le sel (si vous en utilisez) pour le nettoyage. Les cristaux qui ne se dissolvent pas dans l'eau peuvent être ajoutés ou laissés sur le côté de la baignoire.

Entrez dans la baignoire et immergez-vous dans l'énergie et les bons effluves. Ressentez l'eau nettoyer votre champ énergétique et dissoudre tout ce qui ne vous sert pas.

Laissez-vous aller au rythme des ondes aquatiques. Laissez les pétales de rose vous envahir. Visualisez, ressentez et immergez-vous dans votre intention. Que ressentiriez-vous si elle s'était déjà concrétisée ? Visualisez-vous dans votre troisième œil.

Lorsque vous vous sentez plus léger, énergisé et que vous avez terminé le rituel, remerciez et fermez l'espace.

## Élément terre

La Terre nous offre foyer, stabilité, protection et soins. Elle est le socle de notre existence. La Terre nourricière est l'utérus d'où émerge toute vie et le berceau des règnes végétaux, minéraux et animaux. L'élément terre représente la force, l'abondance, la richesse, la prospérité et la santé. C'est le domaine dans lequel nous manifestons toute notre réalité. Pour réussir dans la vie, que ce soit dans les affaires, la santé ou les relations, nous avons besoin d'un point d'ancrage solide pour nous connecter à l'énergie source, à partir de laquelle la vie est créée. La Terre est cette ancre.

La Terre est un élément féminin qui nous nourrit et nous protège. Dans le chamanisme, c'est le monde du milieu. Elle est liée aux gnomes et aux esprits de la nature. C'est le foyer et le fondement de nos corps physiques, qui, eux, sont le foyer de notre esprit. Nous y faisons l'expérience des cycles de la vie : croissance, destruction, mort et renaissance. Une connexion forte à l'élément terre nous donne de la compassion pour toute la vie, nous permettant d'incarner notre esprit et d'avoir confiance en notre voyage, avec le don de manifester notre plus haut potentiel.

L'élément terre nous offre la nature, une des meilleures voies de guérison. La terre absorbe et transforme stress et énergies lourdes. Son magnétisme permet de nettoyer et de charger notre champ énergétique.

Une personne reconnaissante, patiente, solide, stable et fiable possède un fort élément terre. Un déséquilibre se traduit par des inquiétudes excessives, un manque de soin de soi et de tendresse.

### Équilibrer l'élément terre

Harmonisez-le en prenant soin de vous. Offrez-vous un massage, passez du temps dans la nature, faites une randonnée en montagne ou jardinez. Marchez sur le sol pieds nus. Exprimez votre gratitude pour les bienfaits de votre vie. Adoptez des pratiques d'incarnation par l'exercice, le yoga, la danse ou les 5Rythmes. Mangez des aliments qui vous ancrent dans le sol, comme des légumes racines, ou savourez un morceau de cacao.

- Direction : Nord (sud dans l'hémisphère Sud)
- Saison : Hiver
- Fête : Yule (solstice d'hiver)
- Outils : Sel, cristaux, pierres
- Esprits/dieux/déesses : Gaia, Pachamama, esprits de la nature.
- Signes du zodiaque : Taureau, Vierge, Capricorne
- Planètes : Saturne, Vénus, Mercure
- Chakra : Racine (Muladhara)
- Cristaux : Tourmaline noire, shungite, malachite
- Herbes : Vétiver, myrrhe, absinthe
- Couleurs : Vert, noir, brun, jaune
- Mantra : Lam (prononcé comme « lang »)

## Cérémonie de la terre

C'est une marche méditative qui implique de marcher pieds nus dans la nature. Trouvez un endroit sûr où vous pourrez vous promener pieds nus. Cela peut être dans votre jardin, sur une plage ou dans un parc. L'*earthing*, également appelé *grounding* ou « ancrage », consiste à créer une connexion physique entre les fréquences électriques magnétiques de la terre et le corps humain. Des études ont montré que les énergies subtiles de la terre présentent de nombreux avantages pour la santé. Notez qu'il faut au moins 20 à 30 minutes pour en tirer tous les bienfaits, mais même une durée plus courte aura son intérêt.

**Cérémonie**

Ouvrez un espace sacré et appelez les Quatre Directions, la Terre Mère et le Ciel Père. Appelez tout soutien divin dont vous pensez avoir besoin : esprit, conscience supérieure, Dieu, Créateur, Source universelle, aides spirituelles, animaux de pouvoir, gardiens et ancêtres. Indiquez votre intention pour la cérémonie : vous connecter à la Terre Mère, transmuter les énergies lourdes dans votre corps, recevoir les messages dont vous avez besoin et exprimer votre gratitude à la Terre pour tout ce qu'elle vous apporte.

Commencez à marcher lentement pieds nus à pas attentifs – pressez votre plante gauche, puis votre droite, dans le sol. Sentez la terre sous vos pieds. Prenez le temps d'engager lentement chaque zone (le talon, la plante et chaque orteil) lorsqu'elle entre en contact avec le sol.

Soyez attentif à toutes les sensations de vos pieds. Si l'herbe est humide ou sèche, prenez un moment pour absorber cette sensation dans votre corps. Faites appel à votre odorat : la terre a-t-elle une odeur particulière que vous reconnaissez ?

Soyez en immersion dans chaque instant en observant toutes les sensations qui se présentent. Si des pensées surgissent, laissez-les passer et continuez à vous concentrer sur l'expérience.

Écoutez les sensations physiques dans votre corps, là où vous ressentez des tensions ou une énergie pesante. Envoyez-les dans la terre par vos pieds. Demandez à la Terre Mère de les transmuter et soyez reconnaissant, puis sentez la lourdeur s'évacuer de vos pieds.

Tout en continuant à marcher lentement, pensez à tous les plaisirs terrestres pour lesquels vous êtes reconnaissant. Remerciez abondamment la Terre. Ressentez cette gratitude dans votre chakra du cœur.

Demandez s'il y a des messages pour vous ou posez une question spécifique. Observez tout ce qui vous entoure ; la nature a une manière magique de vous fournir des messages lorsque vous êtes ouvert à les recevoir. Si vous voyez des animaux, vous pouvez rechercher leur signification symbolique.

Lorsque c'est le moment, terminez votre marche et fermez l'espace. Remarquez ce que vous ressentez et notez dans votre journal tout ce qui vous est venu à l'esprit.

## L'Akasha

*Akasha* est le mot sanskrit qui désigne l'éther, l'espace et l'esprit. C'est le champ éternel dans lequel tout se passe. La réalité physique que vous connaissez s'y produit. L'Akasha est sans forme. C'est en même temps la matrice, source de toute matière, et l'espace dans lequel elle existe. Tous les autres éléments découlent de la source d'énergie primordiale de l'Akasha.

L'Akasha ne peut être vu. Il est caractérisé comme une vibration et perçu comme un son. Il est capable de tout imprégner et pourtant nous ne pouvons pas le toucher. Il renferme la conscience de tous les êtres vivants, y compris les plantes et les animaux. La conscience est la perception interne de votre existence externe et votre capacité à expérimenter la vie.

Le chakra de la gorge lui est relié : c'est là que la vibration s'exprime sous forme de son. Lorsque vous écoutez des sons élévateurs, vous accédez à une passerelle vers le royaume akashique. En vous calmant et en rentrant en vous, vous vous connectez à l'espace de l'Akasha. Lorsque vous êtes en cérémonie et en prière, vous entrez dans le champ de l'Akasha, l'espace des possibilités infinies et du mystère divin.

L'Akasha est considéré comme le Créateur de toutes choses, qui donne naissance à tout. C'est là que vous créez et manifestez ce que vous voulez apporter dans votre vie. La première étape pour réaliser vos désirs est d'entrer dans l'espace de l'Akasha.

Vous saurez que vous êtes entré dans le champ de l'Akasha lorsque vous ressentirez un profond sentiment de paix et de félicité. L'éther ouvre la porte à votre âme, à votre divinité.

Un déséquilibre de l'Akasha se manifestera par une incapacité à ralentir et à rester tranquille, par des problèmes autour du chakra de la gorge ou par des difficultés à s'exprimer et à dire sa vérité.

## Équilibrer l'Akasha

Pour rétablir l'équilibre, écoutez des sons : bols chantants en cristal, cloches balinaises et les carillons Koshi. Jouez d'un instrument, récitez des mantras et chantez. Ressentez l'espace subtil autour de votre corps. Pratiquez le yoga, en étant attentif à l'espace qui vous entoure et à votre respiration. Oubliez la technologie et cherchez le calme. Allez dans la nature et connectez-vous à ce qui vous entoure. Asseyez-vous pour méditer et prier.

» Direction : partout, dans toutes les directions, au centre.
» Outils : divination, tous les outils.
» Esprits/dieux/déesses : tous.
» Signes du zodiaque : aucun.
» Chakra : gorge (Vishuddha).
» Cristaux : améthyste, moldavite, andara.
» Herbes : lavande, encens, géranium.
» Couleurs : blanc, argent platine, noir.
» Mantra : Ham (prononcé « hang »).

## Cérémonie de l'Akasha

L'Akasha, ou l'Esprit, est toujours en vous et autour de vous. Connectez-vous à son champ infini chaque fois que vous vous sentez décentré, émotif ou stressé, ou que votre bavardage mental se fait trop fort. Cette connexion vous permet de vous détacher des petits détails de la vie et de retrouver une vue d'ensemble. Vous entrez au point zéro de l'énergie et trouvez amour, paix, harmonie, calme et possibilités sans fin.

Trouvez un endroit privé et paisible. Purifiez-le à la sauge et ouvrez un espace sacré. Appelez les directions. Mettez un fond sonore léger, ou utilisez bols chantants, carillons ou cloches.

Énoncez votre intention de vous connecter au champ akashique. Prenez trois respirations profondes par le nez et expirez par la bouche. Imaginez des racines qui descendent de votre chakra racine, à la base de votre colonne vertébrale, jusqu'à la terre. Connectez-vous à la terre et sentez son énergie au-dessous de vous, vous vous sentez ancré à la Terre Mère. Libérez dans la terre toute lourdeur que vous pouvez ressentir.

Visualisez une lumière bleue tourbillonnante dans votre chakra gorge ; imaginez que cette lumière le dégage et le nettoie. Chantez le mantra sanskrit Ham, prononcé « hang », sur l'expiration, dans le fond de la gorge. Répétez-le pendant 5 minutes et ressentez la vibration dans votre chakra de la gorge et dans votre corps.

Restez immobile, les yeux fermés. Ressentez le vide. Oubliez tout jugement ou toute idée préconçue sur la façon dont vous devriez penser ou vous sentir. Continuez à vous concentrer sur les sons et l'espace qui vous entourent avec un regard impartial et compatissant. Lorsque des pensées surgissent, laissez-les simplement passer et ramenez votre attention sur les sons et l'espace.

Permettez à tout ce qui vous vient à l'esprit de se manifester. Notez toutes les visualisations, les conseils ou les intuitions que vous recevez. Posez des questions à voix haute ou dans votre tête. Les réponses peuvent se présenter comme un ressenti, une voix, une visualisation ou l'impression de savoir. Si rien ne vient, restez simplement assis avec cette présence et permettez-lui de passer.

Profitez de l'étreinte aimante du champ akashique aussi longtemps que vous le souhaitez. Exprimez votre gratitude pour tout ce que vous avez reçu.

## Invocation des cinq éléments

Mobilisez les énergies des cinq éléments dans votre vie pour plus de pouvoir et d'équilibre. Invitez-les par la prière, en honorant leurs énergies et en les invitant à vous guider. Faites cette invocation quotidiennement et vous développerez une connexion profonde avec les éléments.

Elle peut être faite dans la nature ou à votre autel (voir page 68). Présentez une offrande de votre choix pour chaque élément. Par exemple, un quartz pour l'Akasha, une bougie allumée pour l'élément feu, un bâton d'encens pour l'élément air, un verre d'eau pour l'élément eau et du sel pour l'élément terre.

Vous trouverez vos propres mots pour cette invocation. Invoquez-les tous ou certains spécifiques si vous n'avez besoin que de leurs énergies et caractéristiques propres.

### Cérémonie

Un quartz à la main, dites à voix haute :

« J'appelle l'Akasha, grand mystère, apporte-moi ta sagesse. Je t'invite dans ma vie. Enseigne-moi toutes les façons de créer et de manifester mon plus grand bien. Je t'honore. »

Sur votre prochaine expiration, insufflez votre prière dans le cristal.

Allumez la bougie et en regardant la flamme, dites : « J'appelle l'élément feu dans ma vie et dans mon corps. J'honore tes énergies transformatrices et je les invite pour éclairer mon chemin. Je demande au feu de m'aider à purifier, à transmuter et à transformer les aspects de moi-même et de ma vie qui ne me servent plus. »

À présent, faites brûler l'encens et laissez se répandre la fumée sur vous, votre espace ou votre autel. Dites : « J'appelle l'élément air et je t'invite dans cet espace. Je demande au pouvoir de l'air de m'apprendre à accepter mouvements et changements dans ma vie. Aide-moi à me connecter à ma conscience supérieure et aux esprits des vents. Soyez ici avec moi, je vous honore et je vous remercie. »

Prenez alors votre verre d'eau et parlez en sa direction : « J'appelle l'élément eau, insuffle à ma vie la capacité de suivre le courant. Je te demande de nettoyer toute lourdeur de mon corps, de mes émotions et de mon esprit. Aide-moi à m'abandonner au flux naturel de la vie avec aisance et grâce. » Si vous êtes à l'extérieur, vous pouvez offrir l'eau à la terre, sinon attendez d'avoir terminé l'invocation.

Prenez ensuite le sel et offrez-le à la terre à l'extérieur et dites : « J'appelle l'élément terre, apporte tes énergies de stabilité et de confiance dans ma vie. Apprends-moi à me sentir ancré et enraciné dans la terre. Je demande ta protection. Merci, et ainsi soit-il, Aho. »

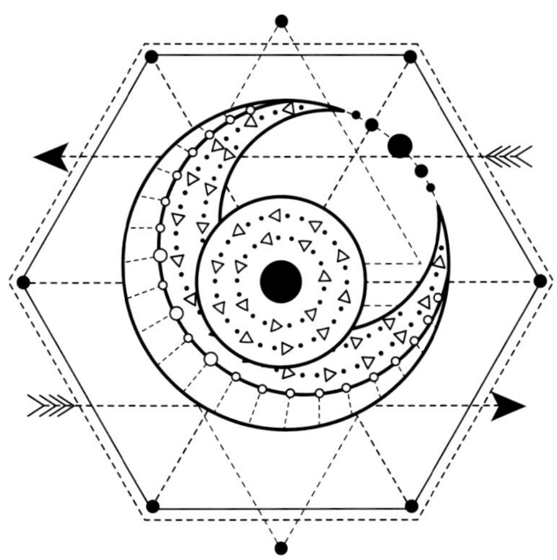

# 07
# Le royaume des cristaux et des minéraux

**Les pierres et les cristaux sont bien vivants et conscients ; ce sont des alliés sacrés et guérisseurs pour les chamans. Ils constituent des outils très évolués utilisés pour la protection, le voyage chamanique, la divination, le travail intérieur et la guérison du corps énergétique. De nombreuses pierres portent en elles des « programmes » ou des « codes » d'information, car elles ont été témoins du passage des âges. Qu'il s'agisse d'un événement météorologique grave, d'une cérémonie rituelle ou d'une explosion catastrophique, les pierres ont tout vu.**

De ces expériences, ils ont acquis la sagesse, et peuvent donc nous être d'une grande aide. Bien que les pierres ne semblent pas communiquer comme le font les plantes ou les animaux, ne vous y trompez pas : elles sont tout aussi puissantes et porteuses d'une grande médecine si nous apprenons à les utiliser de manière appropriée.

Certaines sont très belles, mais on ne les porte pas seulement pour l'apparat ou la mode : la médecine des pierres fait partie intégrante de nombreuses civilisations depuis des siècles. Toutes les cultures anciennes, Grèce, Rome, Égypte ou Chine, les ont employées ; que ce soit dans la fabrication d'armes et d'outils (silex ou obsidienne), ou d'amulettes protectrices (jade ou rubis), ou leur broyage en pigments fins pour le maquillage (lapis-lazuli). Bien des sites anciens ont été choisis en raison de leur proximité aux pierres – pensez à Stonehenge, Sedona et au Machu Picchu. Les guérisseurs antiques savaient comment exploiter et maximiser les vortex énergétiques de ces lieux afin de maintenir la stabilité et l'harmonie de la terre où ils vivaient. Ainsi, les chamans des Andes sont connus comme pionniers de la médecine des pierres. Ils les chargent des plus hautes énergies par leur souffle et honorent les hautes montagnes d'où elles proviennent. Les Aborigènes d'Australie utilisent quant à eux des quartz dans leurs rituels d'initiation et s'en servent pour enflammer leur plus haut potentiel.

Aujourd'hui, les cristaux sont au cœur de tout ce que nous faisons – votre ordinateur et votre smartphone ne fonctionneraient pas sans quartz. Ils sont dans les dispositifs médicaux, les outils, les avions et les automobiles. Leur nature intrinsèquement équilibrée fait qu'on les emploie pour stocker, émettre et transformer les fréquences et les informations.

# Comment fonctionnent les cristaux

Les cristaux se sont formés sur des millions, parfois des milliards, d'années au sein de la croûte terrestre. Ils portent la mémoire de cette planète. Ces pierres incroyables ont connu des températures et des pressions extrêmes, et ont émergé pour aider l'humanité dans son ascension. Les pierres et les cristaux peuvent nous aider à guérir à tous les niveaux : physique, émotionnel, mental et spirituel.

La guérison par les cristaux consiste à placer des types spécifiques de cristaux à proximité du champ énergétique du corps ou directement sur notre peau, pour les rééquilibrer. Cela fonctionne du fait de leur structure moléculaire et géométrique parfaite. Ils sont très stables, et structurés en motifs répétitifs au niveau atomique. La loi de la synchronisation, ou principe de résonance, stipule que l'objet ayant une fréquence inférieure se synchronisera naturellement – c'est-à-dire qu'il s'intégrera ou deviendra une partie naturelle de l'objet ayant une fréquence dominante supérieure. Cela signifie que si le corps humain et son champ énergétique, qui est plus désorganisé et fonctionne à une fréquence plus basse, entrent en contact avec un cristal, le corps gravitera naturellement vers l'objet de fréquence plus élevée – le cristal.

La guérison par les cristaux agit au niveau des vibrations et mobilise le pouvoir de l'énergie résonante. Les chamans savent comment diriger certaines pierres et travailler avec leurs énergies pour apporter un alignement à la personne qui en a besoin. Comme pour tous leurs alliés, ils développent des relations avec elles et les esprits qui les habitent afin d'écouter leurs messages et de transmettre leur sagesse et leur potentiel de guérison.

## Comment les chamans utilisent les cristaux et les pierres

La trousse à pharmacie d'un chaman contient souvent des pierres ou des cristaux. Ils font appel à ces alliés pour évacuer les énergies pesantes du champ énergétique d'une personne ou pour les régénérer. Pour ce faire, ils se servent d'une baguette ou d'un bâton de cristal comme d'un conduit pour les rediriger hors du champ aurique d'une personne et les neutraliser.

Les chamans ont aussi recours aux pierres pour extraire les énergies négatives et les entités du corps énergétique subtil d'une personne. Ils peuvent soit permettre à l'entité d'être absorbée par la pierre elle-même, soit s'en servir pour les retirer de l'aura d'une personne et les rediriger vers la Terre Mère. Certains incorporent des techniques de respiration pour faire entrer et sortir l'énergie des pierres. Ils apprennent à connecter leur respiration à l'énergie du cristal pour faciliter le processus de guérison.

D'autres méthodes consistent à placer les cristaux selon une grille ou une disposition spécifique, en fonction de ce qui doit être guéri. Pour une blessure au chakra du cœur, on peut placer des pierres autour du centre du cœur, afin de le remettre en cohérence, ou certains cristaux près de la tête/crâne, pour les problèmes psychologiques, maux de tête ou si la personne pense trop.

Les chamans tenteront également de recueillir informations ou sagesses dans la pierre.

## PIERRES COURAMMENT UTILISÉES DANS LA PRATIQUE CHAMANIQUE

Les cristaux peuvent avoir un grand impact. Ils sont utilisés à des fins diverses, comme la guérison énergétique, l'attraction de relations et le renforcement des liens spirituels. Vous trouverez ci-dessous une liste de cristaux courants utiles pour créer votre propre trousse à pharmacie.

QUARTZ TRANSPARENT : un des minéraux les plus abondants sur Terre. De nombreuses traditions chamaniques le considèrent comme la « pierre maîtresse », car il amplifie l'énergie. Il est piézoélectrique, aussi, une polarisation apparaît lorsqu'on lui applique une contrainte mécanique.

QUARTZ ROSE : pierre par excellence de guérison du cœur, d'amour de soi, de compassion ou d'attraction de l'amour. Son énergie très douce et nourricière soutient tout le monde.

TOURMALINE NOIRE : forte pierre d'ancrage et de protection. La tourmaline noire est idéale pour transmuter les énergies négatives. Un bon choix pour la maison ou le lieu de travail. Elle peut aider à nettoyer les « mauvaises ondes » et à réguler notre système énergétique pour réduire le stress et les inquiétudes.

SHUNGITE : une pierre de protection contre les énergies indésirables et les ondes électromagnétiques Wi-Fi et électroniques nocives. Elle aide au nettoyage des vieux programmes mentaux et émotionnels qui ne vous soutiennent plus, pour faire place à de nouvelles façons d'être bénéfiques.

AMÉTHYSTE : ce magnifique cristal violet aide à la vision psychique. Il ouvre le troisième œil et facilite les pratiques méditatives et la purification spirituelle. Il améliore le foyer ou l'environnement de travail en l'entourant d'une bulle de lumière.

SÉLÉNITE : pierre angélique et purificatrice utile dans l'arsenal de tout chaman. Elle rétablit l'équilibre et le calme dans le champ énergétique d'une personne. Utilisez un bâton de sélénite et passez-le sur votre corps ou celui d'une autre personne.

DANS LA NATURE : l'un des meilleurs alliés parmi les pierres que vous trouverez se situe autour de vous. Allez vous promener dans un parc ou un espace naturel proche et voyez si une pierre vous interpelle. Toutes les pierres n'ont pas besoin d'être glamours ou tape-à-l'œil, mais elles sont toujours porteuses de sagesse.

Un cristal peut aider le chaman à atteindre un état de conscience modifié ou à voyager dans d'autres royaumes. Ils peuvent communiquer avec nous et transmettre des messages. Les chamans sont capables de recevoir et d'interpréter leurs messages, car ils sont liés à eux.

## Usage quotidien des cristaux

Les cristaux sont des compagnons utiles dans toutes les situations. Placez-en un dans votre poche ou votre sac, sur votre bureau au travail, ou même dans votre valise lorsque vous voyagez. Une pierre noire, comme la tourmaline ou l'obsidienne, dans votre poche absorbera toute énergie indésirable de votre environnement. Les cristaux peuvent aussi élever l'énergie d'une maison. Essayez de placer un quartz rose ou une tour d'améthyste dans un endroit bien en vue de votre salon ou de votre chambre. Porter des bijoux aux mains, aux pieds ou autour du cou, est un autre moyen facile de les intégrer dans votre routine quotidienne.

On peut aussi aisément les programmer, car ils ont la capacité de stocker et d'amplifier l'énergie. Insufflez votre intention à une pierre comme le ferait un chaman, en lui demandant de vous aider dans un but supérieur. Par exemple, l'œil-de-tigre est un cristal de quartz qui favorise la concentration et l'acuité mentale – ainsi demandez à cette pierre son aide pour un entretien ou un examen. L'œil-de-tigre ou la kunzite est aussi un excellent compagnon de voyage : gardez une petite pierre taillée dans votre bagage pour un voyage sûr et sans encombre. Vous pouvez également créer des grilles de cristal simples autour de votre bureau ou de votre chambre en plaçant une pierre comme la tourmaline noire ou l'améthyste dans chaque coin de la pièce pour la protection et le confort.

Quelle que soit la façon dont vous les utilisez, les cristaux et les pierres peuvent élever votre vibration et ramener votre corps à l'équilibre. Veillez toujours à les acheter en toute conscience auprès d'une source fiable.

### Cérémonie : Apprendre à parler le langage des cristaux

Cet exercice vous aidera à vous connecter à vos pierres et à établir une relation avec elles. Lors de votre sélection, choisissez toujours en premier les pierres qui vous attirent. Ne soyez pas tenté de choisir la plus jolie, la plus lisse ou la plus grande – c'est la signature énergétique et la vibration qui comptent. En général, la première pierre que vous voyez ou que vous prenez est celle qui vous convient. Ensuite, nettoyez-la en la passant sous l'eau (si nécessaire), en l'essuyant avec un chiffon, en utilisant un bol chantant ou en offrant de la sauge ou de la fumée de palo santo pour la purifier.

Trouvez un endroit calme où vous ne serez pas dérangé. Vous pouvez allumer une bougie lorsque vous entrez en méditation avec le cristal que vous avez choisi.

Observez-le attentivement : notez sa couleur, sa forme, sa taille et sa texture. Tenez-le dans la paume de votre main et voyez si vous ressentez l'énergie qui en émane : est-elle froide, chaude, chatoyante ?

Détendez votre corps et concentrez-vous sur votre respiration. En tenant le cristal dans vos mains ou près d'un chakra (par exemple, sur le cœur, l'estomac ou le front), videz votre esprit et formulez l'intention de créer une connexion avec lui. Faites preuve d'ouverture d'esprit et comprenez que les cristaux communiquent au niveau de la vibration et de la fréquence invisible, et non avec les cinq sens.

Passez 10 à 15 minutes en méditation calme avec votre pierre et remarquez tous les sentiments, sensations ou émotions qui surgissent. Si vous êtes ouvert et clair, vous pouvez recevoir des messages et des informations de votre cristal.

Lorsque vous avez terminé, placez votre cristal dans un endroit sûr et veillez à le laisser sous la lumière du soleil (selon la pierre) pour le nettoyer et le dynamiser. Écrivez votre expérience dans votre journal.

# Purifier et charger les cristaux

Les cristaux stockent et amplifient les énergies et il est important de les nettoyer régulièrement pour qu'ils continuent à avoir une vibration élevée et à fonctionner comme vous le souhaitez. Leur capacité à stocker des énergies vous permet de les programmer pour des intentions spécifiques.

Pour les purifier : soleil, sauge, terre, eau salée ou l'eau douce d'un ruisseau. Pour les charger, servez-vous du soleil ou de l'énergie de guérison. Pour les programmer, videz votre esprit et déplacez votre conscience dans l'espace de votre cœur. Définissez vos intentions en fonction des propriétés de la pierre et des énergies que vous souhaitez apporter dans votre vie (par exemple, une relation amoureuse). Tenez votre cristal contre votre cœur et imaginez qu'il est imprégné de votre intention. Prononcez cette affirmation à voix haute ou dans votre tête, par exemple « J'ai une relation amoureuse ». Vous pouvez également souffler vos intentions dans le cristal dans vos mains. Faites-le jusqu'à ce que vous ressentiez qu'il a été programmé.

# 08
# Soigner par l'esprit des plantes

**On a recours aux plantes au quotidien dans toutes les cultures. Les chamans considèrent qu'ils font partie de la nature, et ce lien leur permet de communiquer avec les végétaux. Depuis l'âge de pierre, ils emploient plantes, huiles et herbes pour changer leur perception, guérir et se connecter au monde spirituel. Les anciens savaient que les plantes étaient des guérisseuses et des maîtres dotés d'une conscience et d'un esprit qui leur étaient propres. Ces esprits végétaux étaient des alliés qui les aidaient à apporter l'harmonie, l'équilibre et la guérison à ceux qu'ils servaient.**

Les plantes nous reconnectent au caractère sacré de notre Terre et du monde naturel. Et leur utilisation est à la portée de tous – la Terre Mère nous fournit la plus puissante des armoires à pharmacie. Chaque végétal a sa propre fréquence et offre ses propres connaissances et soins spécifiques. Celles-ci sont utilisées pour tout soigner, des coupures et blessures aux maladies et aux déséquilibres émotionnels et spirituels. Par le biais d'expériences et de guidances fournies par les plantes, les anciens ont appris à les associer dans des mélanges pour obtenir des résultats spécifiques. Lorsque l'esprit de la plante se connecte à notre humanité physique, cela nous montre le caractère sacré de l'esprit en toutes choses.

Leurs esprits nous apprennent à ancrer ce qui est en haut et ce qui est en bas dans ce plan physique. Ils nettoient la congestion de nos cœurs, de notre champ d'énergie et de nos espaces afin que nous puissions agir en bonté sans influences extérieures. Mais les plantes sont des êtres uniques avec leur propre conscience, tout comme les humains. Cela signifie qu'elles peuvent agir et avoir des effets différents selon les personnes. Vous développerez vos relations individuelles avec les esprits des plantes, et elles fonctionneront d'une manière qui vous sera propre. Si elles ont des vertus communes et reconnues, celles-ci peuvent varier d'une personne à l'autre. Explorer les différentes plantes et apprendre

quels dons elles vous apportent, et ce qu'elles ont à vous apprendre est une pratique puissante.

REMARQUE : faites attention lorsque vous achetez des herbes, des huiles et des plantes. Soyez attentif à leur provenance, afin d'en tirer le maximum de bénéfices et de respecter l'environnement.

# Huiles et essences sacrées

De tous nos sens – le toucher, le goût, l'odorat et la vue –, l'odorat est le seul qui constitue un portail direct vers notre âme et notre inconscient. Tous les autres sont filtrés par le thalamus (partie du tronc cérébral). Cela signifie que ce qui est perçu est modulé par le cerveau avant d'arriver à votre conscience. Lorsque vous sentez un arôme, celui-ci se dirige directement vers votre système limbique, qui est responsable des émotions et de la mémoire. Ils peuvent améliorer votre humeur et calmer vos émotions.

Chamans, guérisseurs, hommes et femmes médecine ont recours aux huiles essentielles pour la guérison physique, émotionnelle et mentale. Ce sont les substances aromatiques extraites d'un végétal, comme l'oliban, qui sont soixante-quinze à cent fois plus puissantes que la plante séchée. Ces huiles hautement concentrées contiennent l'essence (l'esprit) de la plante et ont de nombreux bienfaits qui peuvent être ressentis par le nez et la peau du corps, du visage, de la plante des pieds et de la paume des mains.

NOTE : certaines huiles essentielles peuvent causer des irritations. Faites toujours un test cutané pour les nouvelles huiles. En règle générale, il est préférable de diluer les huiles essentielles utilisées sur la peau avec une base, comme l'huile de jojoba ou d'amande. Toutes les huiles essentielles ne se marient pas bien entre elles. Vérifiez avant de mélanger les huiles.

Lorsque vous sentez une huile essentielle, connectez-vous à l'esprit de cette plante. Pour ce faire, mettez quelques gouttes d'huile (diluée si nécessaire) dans vos mains qui viendront couvrir votre nez et votre bouche. Inhalez alors l'essence en vous connectant à l'esprit de la plante, en la visualisant dans son environnement naturel ou en répétant son nom. Par cette connexion à l'esprit de l'huile essentielle, vous faites entrer sa vibration dans votre champ énergétique. Vous remarquerez que l'utilisation des plantes est plus puissante lorsqu'on se connecte à son esprit.

L'onction avec des huiles sacrées est pratiquée de manière cérémoniale depuis des milliers d'années. On associe Marie-Madeleine à l'acte sacré de l'onction, car elle a oint les pieds de Yeshoua avec des huiles sacrées en signe d'adoration, de guérison et d'appréciation. L'onction est un symbole de bénédiction, d'amour, d'honneur et de protection.

## Mélanges d'huiles essentielles

Les huiles essentielles peuvent être utilisées individuellement ou mélangées pour les soins et les cérémonies. Il est possible de les combiner afin d'obtenir les énergies et les bienfaits que vous souhaitez (protection, abondance, calme et énergie, etc.).

Elles fonctionnent sur tout le corps. Par exemple, la menthe poivrée sur les tempes et le front est un excellent remède contre les maux de tête. Employez-les contre les douleurs musculaires ou le long des chakras du corps et sur le visage pour les soins de la peau. La plante des pieds et la paume des mains sont des zones très absorbantes pour les huiles.

### HUILES ESSENTIELLES COURANTES

Angélique : calme, apaise, relaxe.

Bergamote : stimule, équilibre les émotions, énergise.

Poivre noir : favorise le courage, l'expansion, la protection.

Bouleau : stimule, purifie, apaise.

Bois de cèdre : apaise, protège, renforce la spiritualité.

Camomille : relaxation, tranquillité, méditation.

Cyprès : revigore, bénédictions, protection.

Sapin : purifie, renouvelle, stimule.

Encens/oliban : ancrage, activation spirituelle, protection.

Jasmin : joie, paix, confiance.

Baie de genièvre : purifiante, nettoyante, revigorante.

Lavande : équilibrante, rafraîchissante, calmante.

Néroli : bonheur, purification, apaisement.

Pin : nouveaux départs, protection, régénération.

Rose : amour, paix, beauté (vibration la plus élevée de toutes les huiles).

Romarin : clarté, stimulant, nettoyant.

Bois de santal : spiritualité, méditation, sexualité.

Épicéa : ancrage, libération émotionnelle, amour.

Vétiver : abondance, régénération, mise à la terre.

Ylang-ylang : paix, amour, sensualité.

### Recette d'huiles essentielles

Ce mélange d'huiles essentielles nettoie et protège votre corps et votre aura des influences extérieures. Il peut être préparé de trois manières différentes : en diffusion, en huile corporelle ou en spray (pour remplacer la fumigation / le *smudging*).

Utilisez le diffuseur pour purifier votre maison. Appliquez l'huile corporelle le long de vos chakras et sur la nuque, le bas du dos, les paumes ou les pieds. Utilisez le spray chaque fois que vous ressentez une énergie pesante sur votre corps et dans n'importe quel espace.

**Huiles essentielles**
Cèdre : 2-3 gouttes pour 10 ml
Encens : 2-3 gouttes pour 10 ml
Palo santo : 2-3 gouttes pour 10 ml
Lavande : 2-3 gouttes pour 10 ml

**Pour le diffuseur**
Flacon de 5 ou 10 ml

**Pour l'huile corporelle**
Huile de jojoba : 90 ml
Petit bol ou récipient de 100 ml

**Pour le spray**
Eau purifiée : 80 ml
Hamamélis : 1 cuillère à soupe
Flacon pulvérisateur de 100 ml

N'hésitez pas à ajuster les ingrédients en fonction de vos besoins.

Pour le diffuseur : combinez les huiles de cèdre, d'encens, de palo santo et de lavande dans une petite bouteille et secouez pour les mélanger. Placez 5 à 10 gouttes du mélange dans un diffuseur.

Pour l'huile corporelle : combinez les huiles de cèdre, d'encens, de palo santo et de lavande avec l'huile de jojoba dans un petit récipient et secouez pour mélanger.

Pour le spray : mélangez les huiles de cèdre, d'encens, de palo santo et de lavande dans un vaporisateur, ajoutez l'eau et l'hamamélis, puis secouez pour mélanger.

## Fumée sacrée

L'élément feu a appris à nos ancêtres les cycles de la vie et que la combustion de plantes séchées – herbes, racines, écorces et résines – produisait de la fumée.

Lorsque les plantes quittent leur forme physique (par le feu), elles se transforment en fumée et entrent dans le monde des esprits. La fumée nous connecte donc avec celui-ci.

### Encens

La fumée sacrée de l'encens est utilisée dans de nombreuses traditions chamaniques comme symbole de prière et d'offrande au Divin. L'encens peut être utilisé lors de cérémonies et de méditations, ainsi que pour créer un espace sacré, élever ou purifier l'énergie d'un lieu.

Il se présente sous forme de cônes, de bâtonnets et de résines. Utilisez un brûleur. Si vous n'en avez pas, un bol en céramique ou tout autre récipient résistant au feu fera l'affaire. Allumez l'encens et laissez-le brûler pendant quelques secondes, puis soufflez sur la flamme. Il devrait y rougir et fumer. Placez-le près d'une fenêtre ou en hauteur si l'odeur et la fumée sont trop fortes. Savourez le parfum. Les odeurs ont un effet très profond sur notre bien-être.

## Variétés d'encens

Il existe bien des encens, invoquant tous des qualités et des bienfaits différents. En voici quelques-uns avec lesquels vous pouvez commencer :

**Essences apaisantes**

» Détendez-vous avec l'encens/oliban, le bois de santal et le bois de cèdre.

» Diminuez le stress avec le bois de santal, la lavande et le romarin.

» Améliorez votre sommeil avec la lavande, le vétiver et la camomille.

» Méditez avec le bois de santal et le lotus.

**Essences stimulantes**

» Purifiez votre espace et vos objets de pouvoir avec du cèdre, de la myrrhe ou des agrumes.

» Concentrez-vous avec le bois de santal.

» Créez avec la citronnelle, les agrumes, le géranium et l'ylang-ylang.

» Encouragez les facultés psychiques et les visions avec l'encens et le bois de cèdre.

## *Smudging* (fumigation) et bénédiction

Le smudging par la fumée sacrée provenant de la combustion de plantes et d'herbes est traditionnellement utilisé par les autochtones d'Amérique du Nord et de nombreuses autres cultures. C'est en général une cérémonie utilisée pour nettoyer et purifier l'énergie indésirable d'une personne, d'un lieu ou d'un objet et pour appeler les bénédictions et la guérison.

Diverses plantes sacrées sont utilisées, comme le tabac, la sauge, le foin d'odeur, le cèdre, la lavande et le genévrier, selon le résultat souhaité et la méthode de purification. Les esprits des plantes sont ensuite appelés. La combustion des herbes à l'intérieur d'une coquille combine les quatre éléments : les herbes représentent l'élément terre, la coquille l'élément eau, la flamme l'élément feu et la fumée l'élément air. Les esprits des plantes sont sages et aiment être traités avec respect afin de bénéficier de leurs bienfaits.

## Herbes sacrées

SAUGE : utilisez la sauge blanche (*Salvia apiana*) pour nettoyer et purifier les énergies indésirables de vos corps et champ énergétique, maison, entreprise, voiture et tout objet. Faites une fumigation à la sauge après votre journée de travail pour nettoyer les énergies extérieures. Nettoyez votre maison après une dispute avec un être cher ou après avoir reçu des invités. Lorsque vous vous sentez mal ou stressé, la purification à la sauge peut vous aider à vous détendre. Elle s'apparente à une bouffée d'air frais.

Intentions : « Je libère toutes les énergies pesantes. Je me débarrasse de tout ce qui ne sert plus mon intérêt supérieur. »

PALO SANTO : l'utilisation du palo santo (*Bursera graveolens*), un arbre originaire d'Amérique du Sud, remonte à l'Empire inca. Également connu sous le nom de « bois sacré », ce bâton aromatique est utilisé pour nettoyer et purifier, bénir, apporter de l'énergie positive et favoriser la relaxation. Il peut vous aider à vous sentir plus ancré et à clarifier une situation. L'arbre de palo santo doit mourir naturellement et être laissé pendant trois ans avant d'être correctement récolté. Il est utile en voyage pour purifier et élever les vibrations des nouveaux espaces.

Utilisez le palo santo de la même manière que la sauge : allumez le bâton ; il doit généralement brûler quelques instants jusqu'à ce que sa pointe rougeoie. Soufflez doucement sur la flamme et suivez les étapes de purification. Vous devrez peut-être rallumer le bâton si la fumée s'éteint. Faites attention à la provenance de vos herbes pour vous assurer que la récolte est éthique et durable.

Intentions : « Je purifie cet espace par la plus haute vibration. Je bénis cet espace avec joie, amour et paix. Je fais appel aux énergies d'abondance. »

TOBACCO : l'usage traditionnel du tabac (*Nicotiana rustica*) a une histoire riche, et il est considéré comme l'une des plantes les plus sacrées. Le tabac était utilisé pour communiquer et envoyer des prières au monde des esprits, souvent par le biais de la pipe sacrée ou *chanunpa* (voir page 161). Il est un élément essentiel des cérémonies chamaniques et est souvent utilisé pour la protection, la purification et la guérison. Le tabac peut également être utilisé pour les offrandes aux anciens et aux chamans.

L'esprit du tabac a tant à apprendre, mais il est souvent exploité. La nicotine est le composant addictif. Le tabac commercial est assurément additionné de produits chimiques dangereux, mais même le tabac pur peut créer une dépendance. Utilisez-le avec respect et de manière cérémoniale, et non pour fuir ou masquer des émotions. Il est préférable d'utiliser la forme la plus pure du tabac, sans ingrédients supplémentaires.

Il se présente sous de nombreuses formes et il existe de nombreuses façons de l'utiliser. Vous pouvez acheter du tabac à cigarettes ou à pipe en vrac dans un magasin. Il peut être fumé, brûlé ou chiqué. Le tabac en poudre mélangé à d'autres herbes sacrées est connu sous le nom de rapé, ou tabac à priser chamanique. Le tabac Mapacho est utilisé par les chamans d'Amérique du Sud et a une forte teneur en nicotine.

Intentions : « Je suis centré et ancré. Je suis nettoyé et purifié des énergies basses. »

CÈDRE : le cèdre est un remède sacré, car ces arbres sont des esprits très sages et puissants. Sa fumée est utilisée pour le nettoyage de l'énergie, la purification, la guérison et la protection. L'utilisation du cèdre est également associée à la force, à la bénédiction, aux offrandes et aux prières. Il peut être utilisé pour la purification et pour nettoyer les énergies indésirables des nouvelles maisons. Des herbes en vrac sont jetées dans le feu pendant la cérémonie.

Intentions : « Cet espace est nettoyé, purifié et protégé. J'offre ce cèdre aux esprits de cette terre. »

## Comment faire une fumigation

Il existe de nombreuses façons de faire des fumigations et il n'y a pas de bonne ou de mauvaise méthode. Ce qui est important, c'est l'intention qui sous-tend la cérémonie de purification.

» Sauge ou autre herbe

» Coquille, bol en céramique ou autre bol résistant au feu

» Briquet

» Plume

Ouvrez une porte ou une fenêtre pour laisser sortir la fumée si vous êtes à l'intérieur. Appelez les esprits protecteurs et l'esprit de la plante que vous utilisez. N'oubliez pas que votre intention est essentielle.

Placez des feuilles de sauge séchées dans une coquille ou un bol. Gardez votre intention en tête pendant une minute ou deux (nettoyer les énergies négatives ou indésirables, apporter de la positivité, lever les doutes, éliminer les pensées négatives, etc.)

Allumez la sauge tout en maintenant votre intention. Laissez-la brûler pendant environ 30 secondes, puis soufflez la flamme avec précaution.

Utilisez une plume pour répandre la fumée sur votre corps (ou sur le corps de quelqu'un d'autre), en commençant au-dessus de la tête et en descendant lentement jusqu'au bas des pieds, en enveloppant tous les chakras. N'oubliez pas les mains et le dessous des pieds.

Pour purifier une maison ou un espace, faites le tour du lieu tout en éventant la fumée avec la plume. Allez dans tous les coins. Ouvrez une fenêtre et laissez la fumée s'échapper, car elle transporte les énergies indésirables.

Jetez les cendres en les remettant sur la terre. N'oubliez pas de remercier et d'exprimer votre gratitude.

# Partie III
# LA VOIE DU CHAMAN

# 09
# Purification et consécration d'un espace chamanique

**Nos espaces personnels, tout comme nos chakras et notre aura, accumulent des énergies, qui stagnent dans ces lieux que nous habitons – logement, travail, voitures et terres. Si nous ne les nettoyons pas, elles croupissent et affectent notre bien-être, nos émotions et relations. Lorsque l'énergie de notre lieu ne s'aligne pas avec ce que nous tentons d'accomplir, souvent nous nous sentons bloqués, déprimés, démotivés ou stressés.**

Nous, êtres énergétiques, sommes profondément affectés par les lieux où nous nous trouvons. Nos maisons sont nos temples. Qu'il est puissant de découvrir que l'on peut changer son monde intérieur et extérieur grâce à la cérémonie sacrée de la purification d'un lieu. Une fois les énergies stagnantes nettoyées, on ressent davantage de bonheur, de joie et d'amour. Vous constaterez que vous êtes plus productif, que vous dormez mieux et que vos relations et vos finances s'améliorent. Tous les domaines de votre vie évolueront lorsque vous modifierez l'énergie de votre espace.

## Pourquoi est-il nécessaire de purifier l'espace ?

Parfois, on se sent coincé, léthargique et lourd, sans savoir pourquoi. On pourrait penser que la raison est intérieure, alors qu'elle est environnementale. On associe rarement notre productivité et notre bonheur à notre maison, lieu de travail ou aux bâtiments dans lesquels nous entrons.

Le nettoyage de l'espace est une pratique chamanique ancienne présente dans de nombreuses cultures. Cette tradition était importante pour nos ancêtres, car ils avaient compris que tout est vivant et connecté.

Ils souhaitaient maintenir l'harmonie dans leur environnement et leur vie. Cette pratique purifiante et équilibrante crée une ouverture pour laisser entrer énergies vibratoires plus élevées et bénédictions.

En tant qu'êtres énergétiques, nous changeons et déplaçons constamment notre énergie – par inadvertance, nous en déposons. L'énergie que nous laissons derrière nous s'accumule et se transforme en miasme qui s'amasse sur les murs et dans les coins. Après une purification, l'espace paraît toujours plus grand, car lorsque les résidus sont libérés, il peut s'ouvrir.

Lorsque vous emménagez dans une nouvelle maison ou un nouveau bureau, l'énergie résiduelle des anciens habitants demeure. Tout ce qui s'y est passé a laissé son empreinte. Lorsque vous vous immergez dans les énergies laissées derrière vous, elles vous affectent. Par exemple, si quelqu'un souffrait d'une maladie grave dans la maison avant vous, vous pourriez remarquer que votre santé décline. Disputes, divorce, décès, pertes financières, etc., ont pu s'y produire. Même s'il s'agit d'une bonne énergie, il vaut mieux repartir à zéro. Emménager dans une nouvelle maison ou un nouveau bureau, c'est un nouveau départ. Nul besoin de prendre en charge les énergies résiduelles passées.

Un autre aspect important de la purification de l'espace est le nettoyage du désordre. À mesure que le désordre s'accumule, l'énergie qui l'entoure également. Vous ne pouvez pas faire un nettoyage d'espace correct sans avoir d'abord nettoyé le désordre. C'est comme essayer de tondre la pelouse sans tondeuse à gazon – l'herbe ne sera pas coupée correctement. Le désordre contient les empreintes énergétiques du passé et de l'endroit où il se trouvait auparavant. Il s'empile et déforme l'espace avec des choses dont vous n'avez plus besoin, que vous n'utilisez plus ou dont vous ne vous souciez plus. Il provoque une accumulation d'énergies inutiles. Par le rangement et la purification, vous faites de la place pour que du neuf puisse entrer à travers vos intentions.

## Pourquoi faut-il consacrer un espace ?

La bénédiction est souvent effectuée après que les résidus ont été divisés et libérés. Une fois l'espace nettoyé, les énergies que vous souhaitez appeler peuvent être invoquées par des intentions et des prières.

Vous pouvez bénir votre espace pour pratiquement tout ce que vous souhaitez apporter dans votre vie, comme l'amour, la prospérité, le bonheur, la santé, l'abondance, la richesse financière, le succès, la croissance spirituelle et la paix. Lorsque vous bénissez votre espace, vous sollicitez une aide des royaumes supérieurs – votre équipe d'assistants spirituels. Avec ce soutien surnaturel et cette énergie divine, vous pouvez accomplir des choses miraculeuses.

## Outils de purification de l'espace

Il existe une grande variété d'outils qui permettent la purification et la bénédiction. Les outils traditionnels de nettoyage de l'espace sont toujours aussi puissants et encore employés aujourd'hui (tambours, hochets, cloches, herbes sacrées et les huiles). D'autres sont plus modernes, comme les bols chantants et les baguettes de cristal. Quels que soient les outils utilisés, il est essentiel de s'y aligner par l'esprit, l'intention et la gratitude.

Comment savoir quel outil utiliser pour nettoyer votre espace ? Certains sont plus efficaces pour des tâches spécifiques. Le nettoyage et la bénédiction nécessitent des processus et des outils différents.

## MOMENTS PROPICES À LA PURIFICATION ET LA BÉNÉDICTION D'UN ESPACE

Le nettoyage et la bénédiction de vos espaces évacuent les énergies négatives et invitent les bonnes énergies à entrer. Lorsque vous emménagez dans une nouvelle maison ou un nouveau bureau, nettoyez le nouvel espace et, mais aussi l'ancien (pour éviter de transporter ses énergies dans le nouveau). Le nettoyage et la bénédiction peuvent également être utiles lorsque vous essayez de vendre votre maison et que vous rencontrez des difficultés, et lorsque vous achetez un terrain avant de construire une maison. Même les petits événements quotidiens, comme les rénovations, l'acquisition de nouveaux meubles ou le désencombrement, peuvent être l'occasion de purifier, bénir et régénérer votre espace.

Ces pratiques sont également bénéfiques pour les moments où vous ressentez un besoin de changement dans votre vie. Par exemple, si vous voyagez, une purification pourra vous assurer une expérience positive. Si vous êtes à la recherche d'une croissance spirituelle ou si vous éprouvez des difficultés, elles vous donneront un coup de pouce indispensable. Vous pouvez également en faire une routine régulière pour maintenir une énergie saine et équilibrée autour de vous. Essayez d'intégrer ces pratiques aux changements de saison, à la pleine lune ou à la nouvelle lune.

Si vous êtes confronté à des événements intenses (par exemple, une maladie, un divorce, un stress extrême) ou si vous avez été en présence d'une énergie négative, le nettoyage de l'espace et les bénédictions sont parfois nécessaires. Si vous sentez des esprits ou des entités malveillants, soyez prudent et demandez l'aide d'un praticien expérimenté.

Le nettoyage régulier de votre énergie et de votre espace aura un effet magique sur tous les domaines de votre vie. Là où il y a déséquilibre, faites une cérémonie de purification. Personne n'est à l'abri d'accumuler des énergies indésirables s'il ne se purifie pas régulièrement, lui et son espace.

**Outils de purification de l'énergie**

- Hochet.
- Tambour (l'un des meilleurs moyens de briser les énergies lourdes).
- Cloche balinaise de haute qualité (il en existe des spécifiques à la purification des lieux).
- Frapper des mains fonctionne très bien si vous n'avez pas d'outil.
- Fumée de sauge blanche.
- Huiles essentielles.
- Sel.
- Prière.

**Outils pour accueillir de nouvelles énergies favorables et bénir l'espace**

- Cloches et carillons.
- Votre voix par le biais de chansons ou de chants.
- Huiles essentielles.
- Essences de fleurs.
- Palo santo (meilleur pour bénir l'espace dans le nettoyage de l'espace).
- Cristaux.
- Bol chantant en cristal.

Ayez aussi chez vous tous les objets symboliques liés au résultat que vous souhaitez obtenir.

Ainsi, si vous voulez attirer l'abondance, choisissez de la pyrite ou des pièces de monnaie. Pour l'énergie de l'amour, du quartz rose et des roses. Pensez à avoir au moins un objet pour chacun des cinq éléments. Les essences de fleurs, les sprays d'huiles essentielles et l'eau bénite sont des moyens merveilleux d'attirer l'élément eau.

On peut nettoyer un espace sans outils sophistiqués. Avec un minimum et une intention forte, vous obtiendrez des résultats. De la fumée de sauge et la volonté ferme de nettoyer les énergies peuvent être puissantes, ou taper des mains et incarner vos intentions fera l'affaire. Soyez créatif.

## Cérémonie de purification d'un espace

Rassemblez vos outils et objets pour votre autel et la cérémonie.

- Nappe d'autel (choisissez une couleur qui correspond à votre intention pour le nettoyage).
- Cristaux.
- Fleurs.
- Encens.
- Huiles essentielles.
- Sel marin et petits récipients pour celui-ci.
- De la sauge et une plume si vous faites du smudging.
- Bougies.
- Récipient résistant au feu.
- Offrande.

Faites le ménage et désencombrez. Mettez des vêtements propres et confortables : sans chaussettes ni chaussures afin de ressentir l'énergie à travers les chakras des pieds. Vous pouvez avoir un cristal de protection dans votre poche si vous le souhaitez. Comme vous allez remuer l'énergie dans la maison, rangez la nourriture et sortez les animaux.

Évaluez les énergies de chaque pièce et accordez-vous avec elles. Évaluez l'atmosphère de chaque pièce. Aérez chaque espace.

Trouvez un endroit central pour installer votre autel, idéalement un espace suffisamment grand pour y poser vos outils. Construisez votre autel, placez-y tous vos objets et outils sacrés, et allumez une bougie.

Ouvrez maintenant l'espace sacré. Honorez les esprits de la terre sur laquelle vous vous trouvez. Dites vos prières et énoncez votre intention ; vous pouvez même l'écrire et la placer sur votre autel.

Demandez la permission de procéder au nettoyage. Déposez votre offrande sur l'autel. L'encens et des huiles essentielles sont aussi bienvenus sur l'autel.

REMARQUE : vous laisserez les bougies et l'encens brûler, alors assurez-vous qu'ils sont dans un endroit sûr, dans un récipient ignifuge.

Pour purifier l'espace, commencez par le dernier étage et descendez dans toute la maison, en terminant au niveau le plus bas. Placez du sel dans les coins de chaque pièce – comme vous allez briser l'énergie, le sel en absorbera une partie et protégera également l'espace.

En tapant des mains ou avec votre outil, commencez par un coin de la pièce et travaillez dans le sens des aiguilles d'une montre ou l'inverse. La direction est moins importante que le maintien de votre intention, alors faites ce qui vous semble juste.

Travaillez du bas (le sol) vers le haut (le plafond). Montez aussi haut que vous le pouvez, mais ne vous inquiétez pas, car la plupart des énergies stagnent au sol. Concentrez-vous sur votre respiration et votre intention de nettoyer l'espace de toutes les énergies lourdes et stagnantes.

Vous remarquerez peut-être que vos mains ou votre outil prendront vie et vous guideront.Les énergies

lourdes vous paraîtront poisseuses et le son de votre tambour, hochet ou claquement de mains sera terne. Laissez vos outils sacrés vous guider dans le nettoyage. Pour la purification à la sauge, lorsque la fumée s'épaissit, c'est qu'elle nettoie beaucoup d'énergie. Votre intuition vous dira combien de temps vous devez rester à un endroit particulier et quand l'énergie est passée.

Si vous utilisez un hochet, un tambour ou vos mains, nul besoin de purifier à la sauge. L'un ou l'autre fera l'affaire ; cependant, certaines personnes préfèrent faire les deux, et c'est bien ainsi.

Lorsque vous avez terminé le nettoyage de tout le périmètre de la pièce et que vous arrivez à la porte, nettoyez tout le cadre. Lorsque vous quittez chaque pièce, vous pouvez sceller la pièce en déclarant votre intention, en remerciant toute action qui vous semble appropriée.

Une fois l'espace nettoyé, allez à votre autel, dites votre prière et vos bénédictions et fermez l'espace, en remerciant toujours tous les esprits qui vous ont aidé. Vous pouvez également retourner dans chaque pièce et la consacrer, puis revenir à votre autel pour refermer l'espace. Vous pouvez utiliser un outil, votre voix ou un instrument sonore, tel qu'un bol chantant en cristal.

Mettez les vêtements que vous avez portés directement dans la machine à laver. Nettoyez votre propre énergie à la fumée de sauge ou en prenant un bain de sel. Si vous le pouvez, laissez vos bougies allumées jusqu'à ce qu'elles s'éteignent naturellement. Laissez votre autel et le sel à l'extérieur pendant 24 heures. Puis débarrassez-vous-en, en le rendant à la terre ou à un plan d'eau proche.

# 10
# Voyage chamanique et transes

**L'une des fonctions essentielles d'un chaman est de voyager vers d'autres mondes tout en restant dans son corps physique. « Voyager » signifie que le chaman se rend directement dans d'autres royaumes pour recevoir des informations. Cela peut sembler surnaturel pour beaucoup dans le monde moderne, mais la majeure partie de l'univers est constituée d'espace vide et c'est dans cet espace que le chaman manie la magie. Les chamans savent comment traverser et communiquer dans ces « zones cosmiques ». Ils peuvent utiliser des outils (comme un tambour ou un hochet) ou une méthode d'induction (comme la médecine des plantes) pour se déplacer à travers les multiples niveaux du cosmos.**

Au cours d'un voyage, le chaman peut également recueillir des informations auprès des royaumes spirituels pour la communauté ou un individu. Si par exemple, vous vous demandez ce qu'il faut faire dans une situation impliquant un proche, votre esprit vous dit d'agir de façon logique et raisonnable, mais vos tripes ou votre cœur disent autre chose. C'est ici qu'un voyage chamanique pour contacter vos alliés peut être éclairant.

Le voyage est puissant et, lorsqu'il est maîtrisé, il peut apporter une grande transformation, guérison et révélation de soi, mais il exige pratique et attention. Grâce aux divers rituels, outils et pratiques décrits dans ce livre, vous pourrez jeter un œil sur ces forces spirituelles derrière le voile. Soyez patient lorsque vous travaillez sur vous pour établir quels sens doivent être ouverts et renforcés. Avec le temps et l'expérience, vous puiserez dans la capacité du chaman à voir au-delà de l'illusion physique et à trouver les espaces intérieurs en nous – l'endroit où nous sommes capables de nous voir tels que nous sommes vraiment. C'est le moyen le plus puissant de guérir le monde.

BOSE

## Qu'est-ce que le voyage chamanique ?

Les chamans qui voyagent restent incarnés tout en accédant à une autre dimension de la conscience. Comme s'ils ouvraient une porte sur le monde invisible, plongeant dans le monde de l'inconscient. Ce faisant, ils transcendent l'esprit rationnel et puisent dans leur essence pour recevoir des conseils et des directives spirituelles. Parce que les chamans ont toujours su que nous vivons dans un monde connecté d'énergie matérielle et immatérielle, ils ont appris à faire facilement la transition entre ces mondes.

L'intention est très importante pour le chaman qui se prépare à un voyage. Le but premier est de récupérer des informations pour aider un individu ou répondre aux besoins de la tribu. Il doit faire preuve de respect à l'égard de Mère Nature, du cosmos et de ses guides spirituels avant d'accomplir ses rituels ; cela affectera la qualité des informations qu'il recevra.

Un voyage chamanique apparaît comme un rêve ou un film dans sa propre tête. Les chamans reçoivent et interprètent les informations de différentes manières : certains sont très visuels, d'autres reçoivent des informations par le biais d'un sens, d'un sentiment ou d'une connaissance innée, d'autres encore par le goût, le toucher, le son ou l'odorat. Il incombe à chacun de comprendre par l'intermédiaire de ses guides spirituels et de ses aides comment il peut recevoir au mieux les informations, afin de pouvoir interpréter les signes et les messages sur son chemin.

Vous devez apprendre à comprendre le langage du monde éthérique et invisible. Les royaumes spirituels communiquent souvent avec nous au niveau inconscient, c'est-à-dire qu'ils dépassent le discours quotidien ou même le langage. Dans le monde des esprits, ils communiquent principalement par le biais de symboles, de métaphores, d'images, d'un savoir ou d'un sentiment intérieur. Notre tâche consiste à établir une relation avec nos alliés spirituels et à apprendre à « décoder » les messages.

## Vision chamanique du concept des « trois mondes »

Le concept des « trois mondes » de l'univers est enseigné dans de nombreuses pratiques chamaniques et cultures indigènes. Les noms et symboles varient, mais les principes généraux sont les mêmes. C'est le cadre dans lequel les chamans comprennent la structure de l'univers et la place que nous y occupons. Cosmos en grec signifie à la fois « ordre » et « monde » – il traduit la vision des Grecs anciens d'un monde harmonieux et parfaitement structuré. Cette vision de la cosmologie aide les chamans à expliquer les fonctions de l'univers et notre origine. Les noms les plus courants pour les trois mondes sont le « monde du dessous », le « monde du milieu » et le « monde du dessus ».

Il est important de distinguer notre vision occidentale des trois mondes. En raison de l'influence de diverses religions telles que le christianisme, de nombreuses personnes ont l'habitude d'identifier le monde du dessous comme « l'enfer » et le monde du dessus comme « le paradis ». La vision chamanique de ces lieux est très différente et remplit une autre fonction dans leurs pratiques de guérison.

## Le monde du dessous

Le monde du dessous ou monde souterrain est le royaume de l'inconscient. Lorsqu'un chaman se rend dans ce monde, il recherche émotions ou traumatismes qui ont été réprimés et dissimulés par l'esprit conscient. Ce monde du dessous n'est pas un lieu de punition. Dans de nombreuses traditions, c'est le lieu où l'âme apprend à se régénérer et à guérir des vies précédentes ou des blessures karmiques. Nombre de nos traumatismes et de nos peurs peuvent s'y cacher – la tâche du chaman est de les identifier et d'aider l'âme à retrouver sa plénitude.

## Le monde du milieu

Notre monde du milieu, ou Terre Mère, est riche en ressources et en aides – il suffit de sortir et d'observer la nature. Des pierres à l'eau en passant par les plantes alliées, nous disposons d'une abondance de ressources physiques et spirituelles ici même sur notre planète. Votre corps physique y réside. Apprenez à écouter sa richesse et sa sagesse. C'est lui qui traduit les messages des autres mondes. C'est pourquoi de nombreuses pratiques chamaniques font appel à l'incarnation : nous ne travaillons pas en dépit de notre corps ; nous l'utilisons pour nous connecter directement à la nature.

## Le monde du dessus

Le monde du dessus est le lieu du Moi supérieur ou du plan de la conscience supérieure. C'est ce que nous sommes au-delà de notre moi physique ou mental. C'est là que nous accédons à une sagesse intemporelle et à des connaissances ésotériques oubliées. C'est généralement là que résident de nombreuses divinités culturelles, dieux ou déesses. Lorsque nous puisons dans ce riche royaume, nous pouvons aspirer à notre plus haute destinée et à notre bien ultime dans cette vie.

# Ondes cérébrales et états de transe

Les chamans traversent les mondes, capables d'élargir leur conscience. Ces états modifiés offrent une perception au-delà du fonctionnement quotidien ordinaire de l'esprit, du corps physique et des sens.

Dès lors, les chamans perçoivent la réalité sans les limites de l'ego, du conditionnement et de la programmation. Ils communiquent avec les esprits, prodiguent des soins, trouvent des réponses et acquièrent sagesse et pouvoir. Cet état d'expansion leur permet de puiser dans l'inconscient collectif et d'apporter la guérison et des perspectives supérieures à la communauté. Ils voient un monde intérieur enrichi, rempli de signes et de symboles de la force créatrice universelle. Tous leurs sens, perceptibles et subtils, fonctionnent simultanément.

Il existe plusieurs méthodes d'induction (voir chapitres 11 et 12) qui permettent aux chamans d'entrer en transe, passant ainsi d'un état de conscience à un autre, de votre matérialité physique à une réalité non ordinaire où le temps et l'espace semblent disparaître. Un chaman entraîné y parvient sans effort.

## Ondes cérébrales

La science commence à observer les changements dans le cerveau pendant les états de transe. Les ondes cérébrales (mesurées en hertz ou Hz, en cycles par seconde) correspondent à la communication neuronale et à la transmission simultanée d'impulsions électriques. Ces ondes cérébrales varient en fonction de vos pensées, de vos actions et de vos émotions à un moment donné. Elles sont mesurées par des capteurs placés sur le cuir chevelu pour détecter ces impulsions électriques entre les groupes de neurones à l'intérieur de votre cerveau. En principe, tout processus, pensée ou action qui modifie votre perception ou votre conscience est susceptible de modifier également vos ondes cérébrales.

Il y a cinq groupes d'ondes cérébrales : gamma, bêta, alpha, thêta et delta.

» GAMMA : elles sont généralement de 38 Hz et plus. Elles se produisent lors d'activités intenses de haute concentration, comme la performance physique extrême ou la résolution de problèmes intenses et la focalisation. Certains chercheurs pensent qu'à cette fréquence élevée, notre cerveau peut puiser dans des états universels d'amour inconditionnel, d'empathie et d'altruisme.

» BÊTA : elles sont mesurées entre 13 et 38 Hz. C'est notre état typique de vigilance lors de la phase éveillée. Quand notre cerveau est impliqué dans la résolution de problèmes, la formulation de jugements et les tâches cognitives de routine.

» ALPHA : les ondes alpha sont entre 7 et 13 Hz. Notre cerveau est détendu, tout en restant alerte. La créativité est fluide, et propice au yoga, aux arts plastiques, à la musique et la rêverie. Vous êtes aussi plus attentif et « dans l'instant présent ».

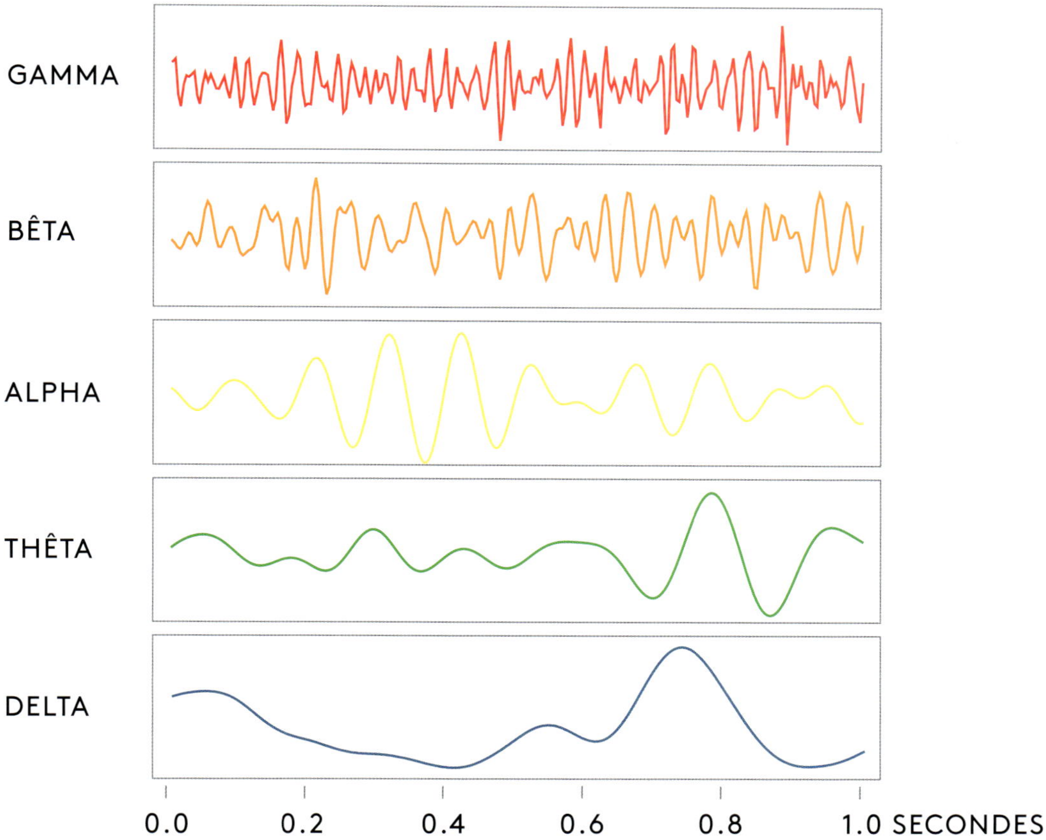


» THÊTA : entre 4 et 7 Hz. La plupart des chamans opèrent à ce niveau. Ils sont dans un état profond de méditation et de relaxation, pleinement à l'écoute de leur intuition. Les cinq sens physiques se désactivent, et ils font un rêve éveillé aux images claires et lucides (également connu sous le nom de « voyage chamanique »). La mémoire, la visualisation, la perception extrasensorielle et la concentration sont élevées. C'est aussi un état créatif, où l'on peut se laisser porter par le flux de toutes choses.

» DELTA : les ondes delta se situent entre 0,5 et 4 Hz. Dans cet état, vous êtes dans un sommeil réparateur, régénérateur et sans rêve. Vos ondes cérébrales fonctionnent à la fréquence la plus lente. Ici, votre inconscient absorbe des informations et permet à votre corps de se réparer en libérant des endorphines qui aident à soulager la douleur.

En étant conscient de l'état dans lequel se trouve votre cerveau, vous faites mieux face aux défis du quotidien. D'un point de vue chamanique, les ondes thêta et au-delà vous permettront d'accéder à la connaissance au-delà des cinq sens.

Les états modifiés sont accessibles à tous, pas seulement aux chamans, car vous passez de l'un à l'autre de votre réveil jusqu'à vos rêves la nuit.

Avec de la pratique, vous apprendrez à accéder aux autres mondes en orientant intentionnellement votre conscience.

# Pratique du voyage

Il est vivement recommandé de suivre ces conseils avant de se lancer dans un voyage chamanique : soyez dans un espace calme et personnel où vous ne serez pas dérangé pendant au moins 30 minutes. Assurez-vous que vous n'avez pas trop faim ou soif et que vous n'avez pas trop mangé (pour ne pas surcharger le système digestif) ; cela peut affecter la circulation sanguine vers le cerveau. Évitez de consommer de l'alcool ou d'autres substances pendant au moins 24 heures avant.

## Voyage chamanique

Allumez une bougie. Ouvrez un espace sacré (voir page 67). Vous pouvez mettre de la musique douce en fond sonore ou créer un rythme lent au moyen d'un hochet ou d'un tambour. Faites toujours appel à un guide, un animal de pouvoir ou un esprit secourable.

Exprimez votre intention sur ce que vous souhaitez apprendre au cours de ce voyage. Assis ou allongé, prêtez attention à votre respiration et passez quelques minutes à détendre le corps et à apaiser l'esprit. Concentrez-vous sur la musique ou les battements de tambour pendant que vous fermez les yeux et que vous sentez que vos sens physiques s'évanouissent.

Portez votre attention sur l'œil de votre esprit, ou troisième œil métaphysique, car vous allez voyager pour recevoir des informations dans le monde invisible. Appelez vos guides ou les esprits auxiliaires pour qu'ils vous protègent et vous soutiennent au cours de ce voyage.

Commencez par vous visualiser dans la nature. Prenez un moment pour absorber les images et les sons. Où êtes-vous ? Dans les montagnes, ou sur un lac ? Ensuite, cherchez une ouverture, ou un portail. Cela peut être sous le sol, près d'une grotte, ou à la cime des arbres. Traversez le portail avec vos aides spirituelles à vos côtés et laissez-les vous montrer les réponses à vos questions. Notez tous les animaux, les êtres angéliques, ou les personnages qui apparaissent – ils peuvent aussi avoir des messages pour vous. Permettez-vous de recevoir les informations avec un cœur ouvert.

Observez la façon dont vous recevez et interprétez ces informations. Voyez-vous des images vivantes ou ressentez-vous surtout des sensations dans votre corps ? Entendez-vous des voix qui vous parlent, ou sentez-vous une odeur au loin ? Laissez-vous guider naturellement – ne forcez pas et n'implantez pas de messages que vous pensez devoir recevoir. Chaque personne reçoit et interprète les informations différemment ; déterminez votre méthode. Il n'y en a pas de bonne ou de mauvaise ; il s'agit simplement de comprendre et de traduire les messages de la manière qui vous convient le mieux.

Une fois que vous avez terminé, repartez par où vous êtes entré. Traversez le portail et remerciez vos guides spirituels. Retournez au même endroit dans la nature. Reconnectez-vous à votre corps et, lorsque vous êtes prêt, ouvrez les yeux et revenez dans votre chambre et dans la réalité ordinaire.

Tenez un journal et consignez vos expériences.

NOTE : le voyage chamanique est un moyen de découvrir vos animaux de pouvoir et de communiquer avec eux. La manière de découvrir ses animaux de pouvoir est abordée à la page 163. Les morceaux d'âme peuvent également être récupérés lors d'un voyage chamanique. Cette pratique implique généralement une certaine formation et peut également être effectuée par un praticien formé qui peut voyager en votre nom.

# II
# Pratiques chamaniques pour accéder aux états de conscience modifiée

**On peut accéder à la « transe » ou à l'extase par le voyage chamanique, le rêve lucide, la méditation, la danse, la musique, l'art, l'hypnose, l'écriture, etc. Les états modifiés renforcent la créativité et la clarté, ce qui présente de nombreux bienfaits pour la santé, notamment le rajeunissement, la joie, la diminution du stress et la croissance spirituelle.**

Les chamans utilisent différents outils pour parvenir à un état de conscience non ordinaire. Le son et la musique s'intègrent aux rituels et cérémonies, favorisant transes, connexion aux esprits, libération émotionnelle et guérison physique. La danse et le mouvement sont des médecines qui permettent de libérer le mental, de transcender l'ego et d'ouvrir la porte au monde des esprits. Grâce à la méditation, aux mantras, au travail sur la respiration et aux rituels, vous pouvez tisser un lien avec vos propres alliés qui vous amènera à un nouvel état de conscience. Chaque outil a son utilité particulière, et ceux qui sont décrits ici vous rapprocheront d'une conscience supérieure, où vous vous sentirez connecté à la toile universelle de la création.

## Le son est un remède

Le recours au son sacré guérisseur a des origines très anciennes. Les Aborigènes australiens ont été les premiers à utiliser le didgeridoo pour guérir par le son. Les chamans jouaient du tambour, chantaient des chansons et psalmodiaient pour guérir leurs communautés. Les Égyptiens soignaient en chantant des voyelles et les prêtresses jouaient du tambour, hochet, tambourin, de la cloche, cymbale, flûte et harpe. À travers l'histoire, on voit la résonance sonore tissée dans l'architecture des pyramides égyptiennes, des temples grecs d'Asclépios, des églises et des cathédrales.

L'expression : « La musique adoucit les mœurs » trouve son origine chez le philosophe grec Pythagore, le premier à découvrir que le son et les harmonies guérissent.

Selon lui, la musique peut harmoniser les facultés de l'âme, calmer et purifier l'esprit, et rétablir la santé du corps physique.

La musique guérit grâce aux fréquences sonores qui se propagent à grande vitesse. Le corps est composé d'environ 70 % d'eau et le son se déplace quatre fois plus vite dans l'eau que dans l'air. Le son peut donc dissiper les énergies stagnantes de nos corps énergétiques. La musique est un médicament qui soulage le stress, améliore l'humeur et élève le niveau de conscience. Les instruments et outils sonores peuvent vous faire entrer dans un état de transe hors de la réalité ordinaire.

## Outils et instruments sonores

La musique nous connecte à l'âme. Les fréquences sonores sont la clé pour ouvrir la porte de la guérison, de l'imagination, de la créativité et des états de conscience élargis. Il existe une myriade d'outils et d'instruments de musique : tambour et hochet traditionnels, bols de cristal chantants, en passant par les gongs, les carillons, les cloches, l'harmonisation tonale et le langage de lumière. La voix humaine est un outil de guérison très puissant.

### Le tambour

Le tambour est un outil de guérison chamanique sacré dans diverses cultures du monde entier. Les percussions chamaniques sont répétitives et leur cadence est généralement de trois à sept battements par seconde.

Ce rythme induit les états de transe pour les voyages chamaniques.

Le battement simple « un, deux, trois, quatre » (à répéter) est bien pour commencer à jouer du tambour.

Le « battement de cœur », comme son nom l'indique, est le rythme « un deux, un deux » (répéter). Une fois plus à l'aise avec le tambour, vous pourrez apprendre différents rythmes et vous découvrirez ce qui vous convient. Plus vous travaillez avec votre tambour, plus il vous guidera naturellement, comme si parfois il jouait à travers vous.

Il existe des tambours traditionnels en peau d'animal faits à la main et des tambours en peau non animale. Vous pouvez trouver des cours de cérémonies dans votre région où vous pouvez apprendre à fabriquer votre instrument. Lorsque vous achetez un tambour, faites attention à sa taille, sa portabilité, sa couleur et ses éléments décoratifs. Essayez-le et voyez votre ressenti. Préférez-vous la peau d'animal à un matériau végétal ? Il est important de tenir compte de la provenance du tambour. Vous devrez peut-être déterminer comment l'animal a été honoré pendant la fabrication du tambour et confirmer que son fabricant a des pratiques commerciales et d'approvisionnement éthiques.

### Le hochet

Le rythme et le son du hochet chamanique sont des outils pour accéder rapidement et facilement à un état modifié. Il peut aussi être utilisé pour chasser les énergies pesantes, appeler les directions et les esprits et chanter des chansons.

L'esprit du hochet coopère et vous guidera si vous le lui demandez. Ressentez-le dans vos mains – jaugez son poids et la manière dont le son émane des graines qu'il contient. Remarquez comment elles tournent et créent du son lorsque vous utilisez le hochet près de différentes formes d'énergie. Testez votre hochet au niveau de plusieurs points de chakras sur votre corps (voir page 56) et notez comme le son change.

Une fois que vous avez développé une relation de confiance avec l'esprit de votre outil, vous pouvez lui demander de l'aide, en particulier si vous êtes en train de méditer. Soyez réceptif aux réponses que vous recevez. Gardez votre chakra du cœur ouvert et permettez à tout message transmis par le hochet de lui parler.

## Cérémonie du son guérisseur

Tout est vivant, et pour les chamans, leurs outils sonores sont habités d'un esprit qui leur est propre. Ces instruments peuvent devenir vos alliés et vos professeurs lorsque vous vous connectez à leur essence. Ils vous montrent comment et quand les utiliser. Vous développerez une relation avec eux et c'est là que la magie et la guérison se produisent.

Lorsque vous commencez à travailler avec un nouvel allié sonore ou un nouvel instrument, il est important de l'honorer par une cérémonie. De cette façon, vous lui témoignez du respect tout en vous familiarisant avec lui en tant qu'outil sacré et allié spirituel.

### Initiation du son allié

Trouvez un endroit calme et solitaire, dans la nature, devant votre autel ou dans tout autre endroit où vous vous sentez bien. Aménagez un espace sacré (voir page 67).

Asseyez-vous avec votre instrument et prenez de longues et profondes respirations au centre de votre cœur. Appelez l'esprit de votre outil sonore. Dites-lui votre intention de développer une relation avec lui et laissez tout ce que vous voulez dire ou faire se produire naturellement. Un nom pour votre nouvel allié pourrait vous venir.

Passez du temps avec lui, jouez-en, ressentez son énergie et écoutez son esprit. Laissez-le vous guider. Remerciez votre outil sonore et fermez l'espace.

# Danse

Le mouvement et la danse sont utilisés depuis longtemps par les chamans indigènes pour modifier leur niveau de conscience et se connecter au monde des esprits. Un voyage chamanique n'implique pas toujours de s'asseoir ou de s'allonger pour se détendre.

Les chamans combinent souvent danse, respiration, musique et tambour. La danse vous aide à sortir de votre esprit et permet de libérer les énergies et les émotions denses et bloquées. Cela crée un espace pour cultiver la créativité, l'épanouissement personnel et la croissance spirituelle ; vous ressentez une connexion plus profonde à votre cœur et développez un sens de l'incarnation.

La danse extatique est pratiquée à travers l'histoire par différentes cultures. Dans les traditions chamaniques, elle était utilisée avec les tambours pour induire des états modifiés de conscience.

Parmi les pratiques modernes enracinées dans le chamanisme figurent les 5Rythmes, la danse extatique et la danse de transe. Il existe d'innombrables pratiques intentionnelles de danse et de mouvement qui apaisent l'esprit et modifient la conscience, comme le yoga, le tai-chi, les arts martiaux et le qi gong.

## Cérémonie de la danse

Trouvez un espace suffisamment grand pour danser et vous déplacer librement. Mettez la liste de musique que vous aimez et que vous avez préparée.

Déplacez l'attention de votre cerveau vers votre cœur (voir la technique de cohérence rapide, page 60).

Commencez à bouger lentement votre corps de manière à vous sentir connecté et en phase avec la musique. Continuez à porter votre attention sur votre corps et sur votre respiration.

Laissez votre corps bouger comme bon vous semble sans chorégraphier ou structurer les mouvements. Laissez-les devenir intuitifs sans les étiqueter ou les juger. Permettez à toutes les expériences dont vous avez besoin de se manifester. Votre corps saura ce qu'il demande.

Continuez à vous incarner et à danser jusqu'à ce que vous soyez prêt à vous arrêter.

# La méditation

Les techniques de méditation sont connues de groupes spirituels et cultures du monde entier. Les traditions orientales telles que le bouddhisme, l'hindouisme et le taoïsme ont été les plus étudiées par la recherche scientifique. Il a été démontré que l'imagerie cérébrale des méditants induit des états modifiés de conscience.

Elles invitent à se concentrer sur la respiration ou sur un objet spécifique, tel qu'une bougie, un mot ou une phrase (un mantra, par exemple). L'objectif n'est pas de s'identifier à l'esprit pensant, mais de laisser passer les pensées sans s'y attacher. Cela vous permet d'être un observateur de votre état interne.

La recherche a montré qu'elle peut réduire stress et dépression et favoriser relaxation et bien-être général. Des études ont prouvé que la méditation régulière peut avoir des effets profonds sur le cerveau, comme l'augmentation des ondes alpha et thêta (voir page 130). À long terme, elle ouvre l'accès à une plus grande zone du cerveau et synchronise davantage les hémisphères gauche et droit. On a découvert que les longues phases de méditation quotidienne pratiquée par des moines bouddhistes tibétains avaient modifié de façon permanente plusieurs zones de leur cerveau, leur permettant ainsi de s'élever vers des états spirituels supérieurs.

Une pratique régulière peut aider à prendre conscience de l'instant présent. Il suffit de rester attentif à la respiration ou d'en remarquer les sensations. Votre conscience ne peut pas se concentrer sur deux choses simultanément. Lorsque vous la déplacez de votre flux de pensées vers votre corps et vous la concentrez sur votre respiration, vous faites taire l'esprit. Lorsqu'il reprend, observez-le et ramenez votre attention sur votre corps et votre respiration.

Il existe des centaines de formes. Parmi les pratiques les plus connues, citons le yoga, le zen, les retraites de méditation silencieuse, la méditation de pleine conscience, transcendantale, la mantrique et par le souffle.

### RESPIRATION EN BOÎTE

Concentrez-vous sur votre respiration afin de trouver le calme intérieur, de faire le point sur votre énergie et de vous préparer à la méditation. Trouvez un endroit confortable, assis ou allongé, les yeux fermés. Inspirez par le nez en comptant lentement jusqu'à quatre. Retenez votre respiration tout en comptant lentement jusqu'à quatre ; restez détendu en évitant d'inspirer ou d'expirer. Expirer lentement en comptant jusqu'à quatre.

Faites plusieurs séries de cet exercice pendant au moins 4 minutes, ou jusqu'à ce que le calme revienne. Si quatre est difficile au départ, vous pouvez compter jusqu'à trois au lieu de quatre. Une fois que vous êtes habitué à cette technique, vous pouvez aller jusqu'à cinq ou sept.

## Les mantras

C'est un groupe de mots ou de syllabes, et leur chant est une forme ancienne de méditation. Les mantras portent tous une empreinte de fréquence énergétique unique, issue de milliers d'années de chant. Nous appartenons à une matrice de champs énergétiques interconnectés et, lorsque vous récitez un mantra, vous puisez dans son champ énergétique. Cela signifie que la puissance du mantra est amplifiée par le champ énergétique collectif créé par tous ceux qui l'ont chanté au cours d'innombrables vies.

Chanter et répéter un mantra crée une vibration sonore qui génère un circuit énergétique dans tout le corps. Celle-ci distrait le cerveau, calme l'esprit, apporte la relaxation et peut faciliter l'entrée dans un état de transe. Outre l'élévation de la conscience, le chant présente d'autres avantages. Le son crée une vibration qui détend le système nerveux, renforce le système immunitaire, libère des endorphines et réduit le stress. Les vibrations sonores brisent les énergies bloquées dans le corps énergétique, nettoient et activent les chakras.

Les chants peuvent inclure des mots sacrés, des mantras et des prières, et sont récités dans de nombreuses langues différentes. Certains mantras ont une signification littérale, d'autres non. Les mantras les plus anciens remontent à l'Inde d'il y a plus de trois mille ans, et étaient écrits en sanskrit védique.

Les mantras peuvent être chantés à haute voix, chuchotés ou récités en silence. Une autre pratique courante consiste à utiliser un mala ou chapelet de prière que l'on tient dans les mains en récitant des mantras. Tout peut être obtenu par la répétition avec une attention soutenue. Ce faisant, vous créez des voies neuronales dans votre cerveau pour favoriser la relaxation, la concentration et la pensée positive.

Vous pouvez réciter le mantra *Aum*, l'un des plus utilisés de la tradition hindoue. *Om* est un son sacré qui signifie l'intégralité de l'univers. Ou l'ancien mantra bouddhiste *Om Mani Padme Hum*, un mot sanskrit. La traduction est « louange au joyau du lotus ».

Lorsque vous récitez *Om Mani Padme Hum*, contemplez la signification de chaque mot du mantra :

» OM – énergie divine, générosité, dissout l'ego, le son de l'univers.
» Ma – purifie la jalousie et la pratique de l'éthique.
» Ni – tolérance et patience.
» Pad – persévérance, libération du jugement.
» Me – concentration, libération des attachements.
» Hum – sagesse et unité.

## Mantra de médiation

Allongez-vous ou asseyez-vous dans une position confortable, avec vos perles de mala (si vous en utilisez). Choisissez un mot, une phrase ou un mantra sur lequel vous concentrer. Fermez les yeux et ralentissez votre respiration, en prenant de longues inspirations et expirations. Harmonisez votre cœur et votre cerveau en faisant la technique de cohérence rapide (voir page 60).

Récitez le mantra en silence ou à voix haute, au rythme naturel de votre respiration. Vous pouvez le diviser en deux parties, l'une sur l'inspiration et l'autre sur l'expiration, ou le répéter sur les deux. Vous trouverez le rythme qui vous convient.

Répétez-le à voix haute et intérieurement et remarquez comment vous ressentez les vibrations dans votre corps. Lorsque des pensées surgissent, ramenez simplement votre attention sur le mantra.

Continuez pendant 5 à 30 minutes ou aussi longtemps que vous le souhaitez. Lorsque vous avez terminé, respirez profondément et notez comment vous vous sentez.

# Travail du souffle

Élargir la conscience par la respiration est l'un des moyens les plus simples et les plus accessibles d'entrer dans une réalité non ordinaire. Dans cet état, l'esprit devient silencieux et l'ego s'efface. Ces expériences peuvent aller de la relaxation à la béatitude, en passant par la communication avec des êtres divins ou la conscience supérieure. La connexion à la respiration aide à libérer les anciens schémas et traumatismes, y compris les souvenirs de vies antérieures. Souvent, les émotions inférieures telles que la peur, le chagrin, la colère et la tristesse sont également transmutées.

L'idée que le souffle est l'Esprit est répandue à travers l'histoire et le monde. Cela signifie que le souffle est l'air physique qui pénètre dans les poumons, mais qu'il est aussi la source spirituelle (énergie) qui crée la vie. Par exemple, dans la philosophie hindoue, le mot sanskrit *prana* signifie « souffle » et est également considéré comme l'énergie universelle ou la « force vitale ». « Esprit » ou « âme » est la traduction du mot souffle, dérivé du mot latin *spiritus*.

Le travail du souffle trouve ses racines dans la psychothérapie occidentale et dans des pratiques orientales telles que le bouddhisme, le yoga et le tai-chi. Aujourd'hui, il existe de nombreuses formes, car elles sont simples, efficaces et accessibles. Le travail moderne peut intégrer la thérapie par la parole, le travail corporel, l'art, la musique, la danse et diverses techniques respiratoires. La respiration holotropique et le *rebirthing* sont nés dans les années 1960. De nouveaux types de techniques apparaissent, notamment la respiration transcendantale et la méthode Wim Hof.

Pendant une séance de souffle, le corps est inondé d'oxygène et d'énergie vitale. La synergie entre la respiration et l'énergie brise les émotions stagnantes et les énergies lourdes. Le travail du souffle peut être pratiqué dans le confort de votre maison ou avec un praticien lors d'une séance privée ou en groupe.

## Cérémonie du souffle

La respiration circulaire est un moyen de réduire le stress, de vider votre esprit et de rendre à votre respiration son rythme naturel.

Allongez-vous dans un endroit confortable ; prévoyez un masque pour les yeux et une couverture. Aménagez un espace sacré (voir page 67). Il est suggéré d'avoir un partenaire qui peut « tenir l'espace » pour vous. Commencez par 20 minutes (la première fois), puis échangez les rôles.

Fermez les yeux et détendez-vous. Inspirez et expirez lentement et profondément par la bouche. Respirez dans le ventre presque à fond puis expirez immédiatement. Une fois presque vide, inspirez de nouveau. Et répétez. Accélérez un peu votre respiration par rapport à la normale, sans pour autant vous forcer, et laissez-la être naturelle et détendue. Imaginez-la comme une vague qui entre et sort. Il n'y a pas de pause entre les respirations, juste une respiration continue.

Votre corps va trouver son propre rythme, se connecter à la respiration et s'en imprégner. Laissez-le vous emmener là où il veut aller. Après environ 15 minutes, vous entrerez dans un état modifié. Il est normal que vous ressentiez des picotements au niveau du visage, du corps et des extrémités ; une libération émotionnelle, une béatitude et une euphorie peuvent également se produire.

Après 20 minutes, votre partenaire vous rappellera doucement de revenir lentement. Prenez le temps d'observer ce que vous ressentez. Lorsque vous vous sentez prêt, notez ou dessinez tout ce dont vous voulez vous souvenir. Parfois, lorsque vous revenez complètement, vous avez oublié une partie de l'expérience.

# 12
# Plantes médicinales sacrées

**La Terre Mère nous a dotés d'un énorme royaume végétal, qui nous fournit des moyens naturels de guérison. Depuis toujours, les anciens se sont alliés avec les esprits des plantes. Ceux-ci faisaient partie intégrante de leur vie quotidienne, de leur guérison, du développement de leur pouvoir et de leur guidance. Ils savaient que les plantes étaient là pour les guérir.**

Ils s'en servaient pour cuisiner comme pour soigner les maladies. Certains utilisaient les plantes psychédéliques, hallucinogènes et enthéogènes comme remèdes sacrés. Ces plantes visionnaires leur permettaient d'accéder à des états modifiés de conscience et de pénétrer dans le monde des esprits à des fins de guérison. Les plantes médicinales sacrées étaient essentielles à la santé et au bien-être de nos ancêtres. Ils les considéraient comme des dons de la Terre Mère. Elles faisaient partie intégrante de leur culture et de leurs traditions, de leurs pratiques spirituelles, de leurs cérémonies et de leurs rituels de guérison.

Aujourd'hui, certains ressentent l'appel de ces plantes médicinales sacrées parce qu'ils sont prêts à opérer un changement de conscience, à libérer leurs schémas et à guérir leur lignée. Beaucoup d'entre nous avons perdu notre lien avec la nature et le règne végétal. Les plantes médicinales sacrées nous enseignent notre lien inné avec le plan vibratoire supérieur de la nature. Elles nous montrent comment trouver le calme et devenir plus présents, flexibles et résilients. Elles offrent une voie vers la guérison et la découverte de notre divinité, et dans cet espace sacré, nous pouvons rapidement nous défaire de ce qui ne nous sert plus. Lorsqu'elles sont utilisées correctement et de manière appropriée, dans le cadre d'une cérémonie et dans le respect de leur esprit, elles peuvent apporter une guérison profonde.

Toutes ne conviennent pas à tout le monde, et tous les chamans ne choisissent pas d'utiliser des substances psychédéliques pour entrer dans des états modifiés de conscience à des fins de guérison. Chacun fait un voyage unique et a son propre objectif d'âme. Pour ceux qui sont appelés à utiliser les plantes médicinales, cette section les présente dans le contexte du chamanisme : pourquoi et comment les respecter ; comment les utiliser avec gratitude, humilité, compassion et ouverture ; et comment reconnaître leur caractère sacré.

# Questions préalables à la prise d'un remède sacré

Cette courte introduction explique certains bienfaits potentiels des plantes médicinales sacrées et les façons de les utiliser. Elle comprend également des points importants à connaître sur chaque remède. Avant de les utiliser, posez-vous les questions suivantes :

» Ai-je fait des recherches approfondies sur cette plante médicinale pour connaître ses bienfaits et ses effets secondaires potentiels ?

» Ai-je consulté un praticien qualifié sur l'utilisation responsable de ce médicament ?

» Ai-je consulté le chaman ou le facilitateur, et ai-je confiance en lui/elle ?

» Ai-je l'intention d'utiliser ce médicament ?

» Suis-je prêt à intégrer ce que j'apprends ?

» Suis-je conscient des lois concernant la possession ou l'utilisation de cette médecine ?

# Préparation de la plante médicinale

Aménagez un espace sûr et sacré qui convient à vos besoins (en groupe ou seul, pour la danse ou l'art). Apportez les cristaux que vous souhaitez utiliser pour le voyage ou la protection.

Définissez votre intention. Vous pouvez vous poser des questions : pourquoi suis-je en cérémonie ? Quel aspect de moi-même, je souhaite explorer ? Dans quel domaine de ma vie, je souhaite recevoir de la clarté ? Où est-ce que je veux apporter plus d'amour, de simplicité et de joie ?

Faites appel à votre conscience supérieure, à vos alliés et animaux spirituels, et à vos aides. Invoquez toujours l'esprit de la plante avec laquelle vous travaillez. La protection est nécessaire lorsque vous entrez dans d'autres royaumes par le biais des plantes médicinales, demandez-la. Imaginez que votre champ aurique est dans une bulle protectrice et affirmez que vous et votre espace êtes clairs et protégés. Demandez ce que vous voulez aux plantes, car elles y répondront. Énoncez votre intention pour la cérémonie, par exemple : « Grand Esprit, êtres sacrés, je vous appelle à être ici avec moi. J'appelle mes esprits auxiliaires, mes guides, mes gardiens et mes êtres de lumière dans mon espace. J'appelle l'esprit de Grand-mère Cacao ; maître plante, enseigne-moi ce dont j'ai besoin, montre-moi, guide-moi et protège-moi. Je demande la guérison et la libération de toutes les peurs qui m'empêchent d'entrer dans mon pouvoir. Je demande que cette guérison soit pour mon plus grand bien. Je rends grâce pour cette médecine et les esprits de cette terre. Merci, et, ainsi soit-il, Aho. »

# Les plantes médicinales

Ce chapitre est également une très brève introduction à la complexité et à la diversité de certains remèdes végétaux les plus souvent employés par les chamans. Même si certains d'entre eux sont encore illégaux, dans de nombreux pays, leur utilisation pour la guérison et les cérémonies existe chez les chamans, les religieux et les groupes spirituels.

Bien que leur utilisation ne convienne certainement pas à tout le monde, il est nécessaire de les évoquer pour ceux qui s'engagent sur la voie chamanique et qui souhaitent en savoir plus sur elles et leurs bienfaits. Ceux qui ressentent l'appel à se connecter profondément avec Mère Nature peuvent le faire à travers elles.

## Cacao

Le cacao sacré est une plante médicinale douce, mais puissante. Les Olmèques, les Aztèques et les Mayas utilisaient ce don des dieux dans leurs rituels, célébrations et cérémonies spirituelles. Le cacao est l'ingrédient principal du chocolat, dont la teneur est plus faible et qui a été modifié par l'ajout de sucre, de lait et d'autres ingrédients. Le cacao cérémoniel est composé à 100 % de cacao de la plus haute qualité sans ajout ni retrait, cultivé et récolté à des fins cérémonielles.

Le cacao contient de la théobromine, différente de la caféine, mais au fonctionnement similaire : la caféine affecte le système nerveux central et la théobromine le système cardiovasculaire (cœur). Physiologiquement, elle stimule le flux sanguin vers le cœur et le cerveau et élargit le système vasculaire autour du cœur jusqu'à 40 %.

Il élargit le champ énergétique du cœur et ouvre le chakra associé, favorisant la libération des émotions et la transcendance vers des états de joie, d'amour et de félicité. Dans le chamanisme, le cacao sacré est un esprit végétal divin féminin qui enseigne : il vous invite à accueillir votre sensualité et votre sexualité. Il garde la sagesse ancienne, une intelligence aimante qui vous apprendra ou vous montrera ce dont vous avez besoin.

Le cacao remède réduit le bavardage mental, laissant affluer connaissance et sagesse de votre conscience supérieure et de vos aides spirituelles. Il approfondit la connexion et l'ancrage à la terre, et augmente vigilance, concentration et focalisation, ce qui en fait un excellent allié pour la méditation, l'écriture et toute activité créative. Avec un cœur ouvert, votre intuition, votre gratitude et votre connexion aux autres sont accrues. Conjugué à la danse et au mouvement, il peut vous guider plus profondément vers le féminin.

Si vous l'utilisez, veillez à vous le procurer auprès d'une source sûre. Sachez que c'est un stimulant cardiaque et qu'il peut provoquer des effets secondaires tels que des maux de tête et des crampes d'estomac. Faites vos recherches, soyez responsable, et consultez un médecin si nécessaire pour discuter de votre situation personnelle.

### Cérémonie du cacao : une médecine qui ouvre le cœur

Le cacao peut favoriser les transes et le contact avec le monde spirituel. Chaque expérience est différente, car on est toujours différent. Il est propice aux cérémonies collectives ou individuelles, à la méditation, la danse et la célébration.

Pour la préparation, il faut : 60 grammes de cacao cérémoniel et 1 tasse (235 ml) d'eau bouillante.

Facultatif : du lait de noix ou d'avoine, une cuillère à café de sirop d'érable, une pincée de poivre de Cayenne, de cannelle ou de cardamome.

Mélangez le cacao et l'eau jusqu'à ce qu'il soit mousseux. Ajoutez les ingrédients facultatifs.

Lorsque votre cacao cérémoniel est prêt, ouvrez l'espace sacré. Appelez l'esprit du cacao, asseyez-vous en prière et définissez vos intentions.

Sirotez consciemment votre délicieuse boisson tout en restant ouvert dans votre chakra du cœur et laissez venir. Posez des questions, asseyez-vous avec un journal et écrivez ce qui vient. Remerciez toujours pour la sagesse et les idées reçues.

## Cannabis

Le cannabis, aussi appelé « marijuana », était largement utilisé pour ses vertus médicinales dans certaines cultures anciennes, de l'Asie à l'Europe. On sait qu'elle était un sacrement religieux, chamanique et spirituel. Des graines de cannabis ont été retrouvées dans les tombes des chamans de Sibérie et de Chine dès 500 avant notre ère. À diverses époques, le cannabis était illégal, mais les lois le concernant évoluent et son utilisation devient légale dans la plupart des pays d'Amérique du Nord. Aujourd'hui, dans beaucoup d'endroits, il est légal d'utiliser la marijuana à des fins médicales comme pour la douleur chronique, le VIH, le cancer.

Le tétrahydrocannabinol (THC) est le composant chimique du cannabis à l'origine des aspects psychoactifs propices aux états modifiés de conscience. Lorsque vous utilisez le cannabis pour une cérémonie ou un voyage, il est important d'ouvrir un espace sacré et d'avoir une intention. Les cérémonies du cannabis sont sacrées. Lorsqu'il est utilisé avec intention, il amplifie, dynamise et ouvre la psyché, et vous avez accès à des réponses et à des conseils intérieurs. Lorsqu'il est utilisé à des fins spirituelles, des expériences profondes peuvent se produire.

Si vous décidez d'explorer cette plante, soyez prudent, respectez les lois locales et consultez un professionnel de santé si nécessaire. Vous devrez également prêter une attention particulière aux souches et aux dosages qui vous conviennent le mieux. Il existe de nombreuses souches et puissances différentes de cannabis et de nombreuses façons de le consommer, que ce soit en le fumant ou en le consommant. Certaines variétés sont plus stimulantes et créatives (sativa), d'autres plus relaxantes et sédatives (indica). Développez votre relation et apprenez comment il fonctionne pour vous. Sachez que le cannabis a souvent été utilisé comme drogue récréative qui n'en honore pas l'esprit. Car lorsqu'on abuse des plantes médicinales, celles-ci ne répondent plus au but supérieur ni aux vibrations de la plante.

## Psilocybine (champignons)

Les champignons hallucinogènes contiennent le composé psychoactif naturel de la psilocybine. Il existe plus de 180 espèces dans le monde.

Communément appelés « champignons magiques » ou « champis », les psilocybes ont été étudiés dans des contextes thérapeutiques et psychiatriques et se sont révélés efficaces pour traiter l'addiction, l'anxiété, la dépression, le syndrome de stress post-traumatique, le trouble obsessionnel compulsif et d'autres troubles de la santé mentale. On peut les consommer séchés, entiers ou en poudre. Le thé ou le chocolat masquent leur goût fort.

Les champignons sont depuis toujours vénérés comme médicaments sacrés par les communautés spirituelles et chamaniques. Ils étaient utilisés pour entrer en transe afin de communiquer avec les esprits pour la guérison. Sur la voie chamanique, ces substances sont toujours utilisées avec respect et dans le cadre d'une cérémonie. Cette plante médicinale sacrée peut élargir la conscience, améliorer la créativité et accroître la conscience de soi. Elle permet de se libérer et de guérir les traumatismes, les blocages émotionnels, les formes-pensées négatives, les énergies lourdes et les croyances limitantes.

Si vous choisissez d'explorer les psilocybes dans le cadre de votre cheminement chamanique, sachez qu'aux États-Unis, les champignons hallucinogènes sont illégaux au niveau fédéral et sont des substances contrôlées de catégorie I. Ils sont décriminalisés dans certaines villes d'Amérique du Nord et sont légaux dans le cadre contrôlé d'études sur leurs intérêts psychiatriques et médicaux potentiels (*vérifiez les lois de votre pays*).

## Ayahuasca

L'ayahuasca est une plante médicinale visionnaire vénérée dans les cérémonies de guérison chamaniques. Elle est l'infusion d'au moins deux plantes : la liane (*Banisteriopsis caapi*) et la feuille (*Psychotria viridis* ou *Diplopterys cabrerana*). C'est leur combinaison qui produit les effets thérapeutiques et hallucinatoires. Sacrée et féminine, elle est considérée comme la « mère de toutes les plantes », et l'un de ses objectifs est de nous apprendre à connaître le royaume des plantes et à communiquer avec elles en tant qu'alliées spirituelles.

Les cérémonies d'Ayahuasca sont utilisées pour la guérison physique, émotionnelle, mentale et spirituelle. Souvent des changements de régime alimentaire, diète ou jeûne, sont nécessaires avant la cérémonie pour purifier et préparer le corps. L'expérience est imprévisible, car l'ayahuasca vous montre ce que vous devez voir ou ce que vous devez ressentir pour guérir vos traumatismes et vos déséquilibres énergétiques. Pour certaines personnes, elle améliorera la créativité, apportera de la joie et une connexion plus profonde aux autres. Pour d'autres, elle libérera les peurs et les traumatismes. L'ayahuasca vous enseigne l'amour et l'unité. Il n'y a pas d'ego, il n'y a pas de séparation. Elle vous montre qui vous êtes vraiment.

Si vous vous sentez appelé par l'ayahuasca (localement ou à l'étranger), procédez avec prudence en recherchant un chaman de bonne réputation. Interrogez-le au préalable pour établir un climat de confiance. Si vous allez en Amérique du Sud, il vaut mieux voyager accompagné et faire des recherches sur le centre de retraite où vous vous rendez. Soyez vigilant, car le travail avec l'ayahuasca demande un environnement sécurisant et protecteur.

## Cactus San Pedro

Le cactus San Pedro (*Echinopsis pachanoi*) est une plante originaire d'Amérique du Sud, des Andes de l'Équateur et du Pérou, utilisée depuis plusieurs milliers d'années. Elle est similaire au peyotl, qui contient aussi un alcaloïde psychoactif connu sous le nom de mescaline.

Le cactus San Pedro est un esprit végétal masculin qui ouvre le chakra du cœur. Il vous emmènera dans votre cerveau droit, créatif, tandis que le gauche, pensant, s'inhibera, rendant difficiles l'utilisation de la technologie ou les tâches exigeantes en mouvement et en réflexion. Tout ralentit avec cette plante médicinale sacrée. Elle vous ancre dans le moment présent, vous ouvrant à des états de béatitude. Le San Pedro peut être visuel, mais aussi très émotionnel : des décharges telles que le rire, les pleurs ou les vomissements peuvent se produire. Un trip de San Pedro dure généralement de 10 à 12 heures. Il peut être une magnifique médecine végétale sacrée à prendre avec votre partenaire, car il facilite la connexion.

Le San Pedro peut être pris sous forme de poudre dans une boisson ou en gélule ou encore fraîchement préparé à partir du cactus. Son origine et sa préparation sont importantes. Puisqu'il peut être difficile à digérer, il est utile d'être à jeun depuis la veille ou d'avoir l'estomac vide pour éviter les nausées. Préparez tout ce dont vous pourriez avoir besoin, y compris de l'eau et un seau. Assurez-vous que l'environnement est sûr et privé ; l'idéal est d'être dans la nature. Pour votre première fois, il est bénéfique d'avoir un facilitateur.

# 13
# Les outils de guérison du chaman

**Les pratiques chamaniques s'appuient sur le savoir que tout est relié par un réseau énergétique universel de vie et du monde invisible. Tout est sacré et tout a un esprit. Ce monde multidimensionnel dans lequel nous vivons est là pour nous aider lorsque nous réalisons notre véritable nature. Les chamans sont les voyants et les connaisseurs. Ils sont le pont entre l'autre monde et nous – ramenant la connaissance et la sagesse pour notre évolution et la guérison du corps, des émotions, de l'esprit et de l'âme.**

Les chamans considèrent que tout est sacré, et ils respectent et honorent l'esprit en toutes choses. Ils révèrent et honorent par des méthodes sacrées les esprits, guides et ancêtres avec lesquels ils travaillent, ainsi que les espaces dans lesquels ils se trouvent, la terre sur laquelle ils agissent, les Quatre Directions, les animaux, le Ciel Père et la Terre Mère. Le monde chamanique ouvre au lien profond avec toutes choses, la nature et la Terre Mère et, par conséquent, toute la vie est une offrande sacrée.

Les chamans possèdent divers trésors et outils sacrés pour leurs pratiques. Leurs méthodes ancestrales ont été transmises oralement ou dans des textes sacrés. Il existe des civilisations dont nous ne lirons peut-être jamais l'histoire dans un livre, mais dont la mémoire et la sagesse sont stockées dans notre esprit et notre ADN. Nos ancêtres aidants et les esprits du monde invisible partagent avec nous généreusement leurs connaissances, encore et encore.

## Offrandes sacrées

Faire des offrandes aux ancêtres, guides, gardiens, anges, esprits auxiliaires, dieux et déesses est une pratique traditionnelle ancienne et une manière habituelle de reconnaître et d'honorer les esprits de l'autre monde, et

d'exprimer sa gratitude au Créateur, à Dieu, à la Source universelle. L'offrande est un remerciement aux esprits. Lorsqu'ils sont estimés, ils sont dynamisés et, en échange, ils sont heureux et motivés pour apporter leur aide.

Elles sont aussi un échange d'énergie. La vie est une danse perpétuelle de ce que les chamans appellent *ayni*, qui consiste à donner et à recevoir de l'énergie. Une offrande est un remerciement. Elle montre que vous êtes conscient de leur présence et de votre lien avec vos alliés. Sur un site sacré ou lors d'un pèlerinage, elle montre aux esprits de la terre, ceux qui ont marché ici avant vous, que vous leur offrez réciprocité et gratitude.

Les offrandes aux esprits peuvent être faites avant une cérémonie – elles sont souvent déposées sur des autels. Si la cérémonie a lieu en plein air ou sur un site sacré, elles peuvent être offertes aux esprits de la terre. Elles trouvent aussi leur place sur un autel à la maison. Les esprits du monde invisible apprécient.

## Comment choisir une offrande ?

Apportez soin et réflexion à ce que vous offrez aux esprits. Choisissez une offrande qui vient du cœur – certaines traditions les appellent des « cadeaux du cœur ». Réfléchissez à sa provenance – l'énergie qui se cache derrière le lieu et la manière dont les choses sont récoltées, produites et manipulées est importante.

La bonne nouvelle, c'est que l'on a le choix. Il est très courant d'offrir de la nourriture – les esprits aimant les sucreries, gâteaux, desserts, miel, chocolat et fruits secs sont de bonnes options. Les herbes, plantes, graines, noix, tabac, vin, fruits, pierres, cristaux, tissus, sauge et fleurs sont également des offrandes courantes. Vous pouvez même ramasser des glands, de l'écorce de bois et des pommes de pin. Même une offrande de chants et de danses est acceptable.

Les participants aux cérémonies en apportent également. Souvent, les chamans reçoivent des pierres, de la sauge, des herbes, des plantes ou de la nourriture en échange de l'énergie qu'ils ont investie dans la cérémonie.

Lorsque vous apportez des offrandes dans vos prières, vos cérémonies et votre vie, vous êtes dans un état de don et de gratitude. C'est une loi universelle que ce que vous pouvez donner vous revient. Vous verrez le pouvoir des offrandes à travers la magie de vos cérémonies et les résultats lorsque vos intentions se manifestent.

### Le *despacho*

Offrande sacrée courante au Pérou et en Amérique du Sud, il s'agit d'un mandala de la nature rempli de beaux objets symboles de gratitude et d'amour pour Mère Nature. C'est un échange extérieur de réciprocité entre nous et la Terre. Les *despachos* ont plusieurs fonctions : honorer les esprits de la nature, demander l'abondance et les bénédictions, demander des conseils spécifiques – amoureux ou professionnels, ou même pour une rédemption.

Avant de créer un despacho, soyez toujours conscient de votre intention. Pourquoi le faites-vous et quels sont vos objectifs ? Pour son élaboration, ouvrez un espace sacré, sélectionnez et placez chaque objet avec le plus grand soin et le plus grand respect. Voici une façon de faire un despacho :

» une feuille de papier rectangulaire blanche que vous pouvez plier facilement ;

» une demi-coquille (palourde ou coquille Saint-Jacques) ou un objet circulaire pour représenter le divin féminin ;

» deux bâtons en forme de croix pour représenter le divin masculin ;

» 12 feuilles de laurier bien formées ou plus ;

» des fleurs blanches pour représenter le divin masculin ;

- des fleurs rouges pour représenter le divin féminin ;
- du sucre pour représenter la douceur de la Terre Mère ;
- du riz pour l'abondance et la fertilité ;
- des douceurs que vous pouvez émietter, comme des biscuits ou des crackers.

Autres offrandes possibles : herbes, encens, chocolat, haricots, grains de maïs, pierres et cristaux ;

- des billets ;
- du vin rouge ;
- de la ficelle colorée.

Posez la feuille de papier à plat sur le sol, la coquille, côté ouvert vers le haut, au centre, et les deux bâtons à l'intérieur de la coquille.

Préparez les gerbes de k'intu : disposez trois feuilles de laurier, le côté veiné vers le bas. Ajoutez un pétale blanc et un rouge. Répétez l'opération pour faire douze fagots maximum pour les quatre directions. Soufflez-y vos prières et demandes. Disposez-les dans le sens des aiguilles d'une montre autour de la coquille et des bâtons.

En confectionnant votre despacho, assurez-vous d'infuser chaque objet avec vos meilleures énergies et vos plus hautes intentions. Ajoutez les autres ingrédients : saupoudrez le sucre dans le sens des aiguilles d'une montre autour des gerbes de k'intu. Puis le riz. Ajoutez les biscuits, les haricots, les herbes et le billet.

Versez quelques gouttes de vin rouge dans le despacho. Enroulez une ficelle colorée autour de l'offrande en formant un cercle.

Puis, pliez le papier blanc pour le fermer. Attachez-le comme un paquet avec de la ficelle blanche ou rouge. Vous pouvez brûler ou enterrer votre despacho. Laissez les énergies que vous avez créées se libérer dans le cosmos et détachez-vous du résultat.

# Objets de pouvoir et outils sacrés

Les chamans utilisent des objets de pouvoir, outils et symboles sacrés chargés de sens et qui leur servent d'alliés dans leur travail, toujours avec intention et pour servir un objectif spécifique. Les objets n'ont pas de pouvoir en soi – c'est la révérence et la connexion du chaman qui le leur donnent. Le pouvoir est un don de l'esprit.

Un objet de pouvoir permet à l'énergie vitale spirituelle de se matérialiser, c'est un canal d'énergie au même titre que les chamans. Ils sont vivants et ont un esprit incarné en eux.

Un chaman peut utiliser certains objets sacrés en fonction de la culture à laquelle il appartient, pas d'outils du tout ou quelques-uns seulement dans leur pratique. Ils peuvent être appelés à utiliser un objet par intuition, visions ou conseils des esprits au cours de voyages. Les objets peuvent leur parvenir de manière inattendue ou leur être offerts en cadeau. Ce sont souvent les objets sacrés qui vous trouvent. Il est également important de savoir que tous les objets sacrés n'ont pas une présence réelle sur la terre physique. Au cours de ses voyages, un chaman demandera à ses aides spirituelles ou à ses animaux de pouvoir des outils métaphoriques qui lui conféreront un pouvoir de protection, de guérison et de divination.

## À quoi servent les objets de pouvoir ?

Les objets de pouvoir servent aux voyages chamaniques, pour évacuer les énergies stagnantes du champ énergétique humain, des maisons et espaces de travail. Ils peuvent être utilisés dans les cérémonies pour appeler les esprits, pour les bénédictions et les prières. On peut les associer au chant, à la danse, la méditation et au travail sur les rêves. Placez-les sur votre autel pour charger et amplifier leurs énergies. Un objet de pouvoir a des significations symboliques et sert de pont entre vous et votre conscience supérieure, la nature et le monde des esprits.

Au cours d'une cérémonie, l'outil sacré est une forme de communication et peut révéler au chaman des informations non verbales provenant de l'esprit. Par exemple, lorsqu'on utilise un tambour sur une personne au cours d'une cérémonie de guérison, le battement du tambour sonnera et sera ressenti différemment sur les zones où stagnent des énergies indésirables.

## Comment choisir un objet de pouvoir ?

Dans le chamanisme, tout est vivant, tout est connecté, et tout est sacré ; ainsi, tout peut devenir objets de pouvoir. Le choix est très personnel et s'apparente au choix d'un nouveau cristal ou d'un vêtement : vous optez pour ce qui vous attire et, souvent, c'est l'objet qui vous choisit. Si vous avez un but particulier, formulez votre projet et voyez ce qui se présente à vous.

Il peut être fabriqué à la main (par exemple, un tambour ou un hochet). Lorsque vous le façonnez vous-même, vous développez un lien avec l'objet en l'imprégnant de vos intentions, de vos prières et de votre gratitude.

Ce processus active et amplifie les énergies de vos objets, leur donnant ainsi du pouvoir. Un objet de pouvoir sacré peut être issu de la nature ou être fabriqué. Qu'il soit artisanal, offert, trouvé ou acheté, c'est votre relation qui lui confère son pouvoir.

## Objets de pouvoir courants et traditionnels

OUTILS SONORES : tambours, hochets, carillons, tingshas, bols de cristal chantants, harpes, gongs et divers autres instruments. N'oubliez pas que les outils sonores sont souvent très personnels en raison de la relation établie. Par respect, ne jouez pas avec l'outil sonore de quelqu'un sans sa permission. Pour en savoir plus sur l'utilisation des outils sonores, voir page 137.

BÂTONS MÉDECINE OU DE PAROLE : c'est un objet de pouvoir traditionnel utilisé pour formuler des prières, souvent employé pendant les cérémonies. La personne qui le tient est la seule à parler. Elle détient le pouvoir dans sa voix pour dire sa vérité et tous les autres restent en place et écoutent respectueusement. De cette façon, celui en sa possession n'est pas interrompu. Dans les cercles, on fait circuler le bâton et chaque personne a son tour de parole. Cet objet nous apprend à honorer la sagesse sacrée des arbres, en « tenant l'espace », en écoutant et en étant flexible.

PLUMES : les plumes d'oiseaux représentent l'élément air (voir page 82). Elles relient l'esprit, l'oiseau et la personne qui l'utilise. Elles permettent de nettoyer les objets, les espaces de vie et les champs énergétiques humains. Elles sont aussi couramment utilisées dans les cérémonies, les rituels et les voyages chamaniques, comme outils sacrés pour éliminer les énergies lourdes, stagnantes et indésirables. Elles permettent de balayer le champ aurique d'une personne pour le purifier et sont très efficaces pour purifier les émotions lourdes. Combinées aux herbes sacrées de la sauge, du palo santo et du foin d'odeur elles purifient, dynamisent et bénissent, notamment lors de célébrations. Symbole de liberté et de connexion avec le monde des esprits, les plumes permettent d'envoyer des questions et des prières au monde du dessus, par leurs ailes. Voir une plume sur le sol en marchant est considéré comme un signe ou un message d'un être cher décédé ou d'un ange. Il est illégal d'en posséder certaines (même trouvées), alors faites des recherches, juste pour être sûr.

### LA SIGNIFICATION DES PLUMES

Les différentes plumes évoquent des énergies et des pouvoirs différents selon l'oiseau. Voici quelques-unes des plus courantes et leur symbolique :

CORBEAU : protection, destin, courage, sagesse ancienne, énergie de ruse.

AIGLE : atteindre votre but supérieur, le monde des esprits, la force, la puissance.

FAUCON : force, messages de l'esprit, clairvoyance, gardien, clarté.

CHOUETTE : magie, intuition, vision dans l'obscurité (voir ce qui est caché), sagesse.

DINDE : fertilité, abondance, plénitude de vie, fierté, générosité.

**BÂTON DE MARCHE :** également appelé bâton médecine, il était présent dans de nombreuses civilisations et cultures chamaniques du monde entier. Le bâton était vénéré comme le symbole du chef et de l'autorité, mais avait d'autres usages, notamment celui d'arme, d'aide pour les déplacements sur de longues distances et, lorsqu'il était gravé, de tenir des registres et raconter des histoires. Le bâton d'un chaman le relie également aux mondes du dessus, du milieu et du dessous (chapitre 10). C'est un outil sacré pour la cérémonie. Il est généralement fait de bois et est souvent orné de symboles, de sculptures, de talismans, de pierres, de plumes, de perles et de cuir. On peut l'acheter déjà fabriqué ou faire preuve de créativité et en fabriquer un soi-même.

**CRISTAUX ET PIERRES :** ils ont de nombreuses fonctions et sont de puissants alliés de guérison. Les cristaux se présentent sous des formes brutes, polies, ou comme des objets sculptés (tels que les couteaux à cordes). Les variétés sont infinies. Les cristaux sont traités en détail au chapitre 7.

**FIGURINES :** gourous, dieux, déesses, anges, animaux et symboles sont souvent placés sur les autels pour le culte et la prière. Ils peuvent apporter les énergies de la déité en question – par exemple, la déesse Kuan Yin pour la bonté et la compassion.

**OUTILS DE DIVINATION :** entre autres, cartes de tarot, runes et pendules permettent de recevoir des conseils et de mener des travaux de guérison. Ils sont fabriqués à partir de cristaux, de pierres ou de métaux, et se présentent sous forme de bracelets, de colliers, d'amulettes et de bijoux. Ces articles peuvent être achetés ou fabriqués à la main. Infusez-les de vos intentions et nettoyez-les régulièrement.

**REPRÉSENTATIONS DES ÉLÉMENTS :** par exemple, un coquillage pour l'eau, une bougie allumée pour le feu, un bâton pour la terre, une plume pour l'air et quelque chose de blanc pour l'Akasha. Pour en savoir plus sur les éléments, voir le chapitre 6.

**COUTEAUX ET ÉPÉES :** ils sont utilisés à diverses fins rituelles et cérémonielles, par exemple pour couper des cordons énergétiques, pour la protection et pour extraire les énergies.

**CALUMET SACRÉ :** la légende des Lakotas, et celles d'autres tribus, racontent l'histoire d'un personnage sacré, la femme bison blanc, qui est venue au peuple, lui a enseigné les cérémonies, lui a remis la pipe sacrée, ou *chanupa*, et avec elle, lui a appris à prier le Grand Esprit.

**ATTRAPE-RÊVES :** traditionnellement utilisé dans les cultures amérindiennes, l'attrape-rêves vient des nations Ojibwe et Lakota. Il est utilisé comme talisman de protection pour capturer les cauchemars et laisser place aux bons rêves.

**MESA :** la mesa d'un chaman, ou « paquet de médecine », est un autel portable originaire du Pérou. La mesa est utilisée dans plusieurs lignées chamaniques et a des usages culturels et individuels variés, elle sert d'entrée dans le monde invisible. Elle sert à la cérémonie, à la guérison, à la prière, à la connexion avec le monde des esprits et à la divination. C'est un tissu ou un sac qui contient généralement divers objets sacrés, cristaux, pierres et d'autres objets de pouvoir. Une mesa est très personnelle ; elle représente votre propre voyage de guérison et votre travail spirituel.

**LES OBJETS INVISIBLES :** une cape invisible est un excellent moyen de vous protéger des énergies et des entités de niveau inférieur. Imaginez une cape de protection autour de vous, vous soustrayant à toute influence extérieure indésirable et affirmant que vous êtes protégé. La cape est propice au voyage, au travail de groupe ou lorsque vous souhaitez vous protéger. Vous pouvez également utiliser une couleur spécifique comme l'or clair, l'argent ou le platine.

## Cérémonie des objets de pouvoir

Lorsque vous travaillez avec un nouvel objet de pouvoir, vous devez établir une relation avec lui. Pour cela, vous utiliserez les cinq éléments pour bénir et appeler le pouvoir à votre objet.

- Nappe ou tissu d'autel marron ou vert
- Sauge blanche
- Briquet
- Bougie
- Objet(s) que vous souhaitez bénir
- Eau propre
- Coupe ou calice
- Instrument à sons (peut être votre voix)
- Cèdre ou toute autre huile essentielle boisée
- Offrande, suggestion : 3 roses ou autres fleurs
- Bol en coquillage ou en verre

Trouvez un endroit calme, de préférence dans la nature, près d'une source d'eau claire. Apportez tout votre matériel. Installez vos objets sur la nappe d'autel.

Nettoyez vous-même l'espace qui vous entoure et vos objets avec de la sauge (voir page 113). Ouvrez l'espace sacré (voir page 67). Déposez votre offrande sur l'autel et dites merci. Déclarez votre intention de nettoyer, de bénir et de dynamiser vos outils sacrés.

Élément feu : allumez la bougie et passez soigneusement votre objet à travers la flamme. Demandez à l'esprit du feu de nettoyer et purifier votre objet.

Élément eau : si vous êtes dehors, près de l'eau, versez-en sur votre objet ou utilisez l'eau de votre calice. Si c'est un objet qui craint l'humidité, utilisez vos mains pour amener les énergies de l'eau en lui. Demandez à l'esprit de l'eau de nettoyer et de gratifier votre outil sacré d'intuition et de fluidité.

Élément air : tenez votre objet en l'air, en permettant au vent de le traverser. Demandez aux esprits du vent de le gratifier de souplesse.

Élément terre : placez votre objet sur la terre ou sur la nappe de l'autel. Demandez à la Terre Mère et aux esprits de la terre de bénir votre objet sacré en lui apportant force et protection.

Akasha : à l'aide d'un instrument de musique, infusez votre objet de sons et d'énergie à vibrations élevées. Si vous utilisez votre voix, vous pouvez chanter librement ou le mantra Om (voir page 141).

Mettez quelques gouttes d'huile essentielle dans vos mains et frottez-les, placez-les autour de votre visage et respirez l'odeur tout en vous connectant à l'esprit de l'huile. Tenez vos paumes au-dessus du tissu et de vos objets sacrés, bénissez-les puis énoncez votre intention et leur but ; prononcez tout autre mot qui vous vient à l'esprit.

Remerciez les éléments et les esprits et fermez l'espace.

Une fois vos outils sacrés bénis, vous devez continuer à les honorer et à les entretenir. Ceux-ci doivent être nettoyés et chargés énergétiquement, car, à mesure que vous les utilisez, ils accumulent des énergies lourdes non bénéfiques. Ils se ternissent et perdent de leur puissance. En travaillant avec eux, vous sentirez quand ils ont besoin d'être nettoyés. Purifiez-les avant et après tout travail de guérison et énergisez-les lorsqu'ils sont ternes. Passez-les à la fumée de sauge ou de tabac avant et après chaque utilisation. Vous pouvez nettoyer vos outils sacrés en les nettoyant avec de la sauge ou de la fumée de tabac avant et après leur utilisation. Vous pouvez également les laisser dans un bol de sel (sans eau) toute la nuit ou les nettoyer et les énergiser avec des instruments sonores. Pour cela, placez-les au soleil ou utilisez du palo santo.

Conservez-les dans un endroit sûr, sur votre autel ou dans un sac médecine. Servez-vous-en avec intention et remerciez-les toujours pour l'aide qu'ils vous apportent.

Traitez-les comme des êtres vivants ; vous pouvez même leur donner un nom si vous le souhaitez. Traitez toujours vos objets sacrés avec respect.

# Animaux totems

Le règne animal est parmi les parties les plus accessibles de la nature. Même dans les villes les plus animées, on a de fortes chances de voir un merle, une fourmi, un chien ou une souris. Nous nous identifions facilement aux animaux terrestres, aux oiseaux, aux poissons et aux insectes, car ils nous entourent. Nous avons beaucoup à apprendre de leur processus d'évolution et de leurs habitudes, leurs talents et leurs prouesses d'adaptation, afin que nous puissions intégrer au mieux ces facultés dans notre vie. Les chamans savaient que les animaux de la nature sont inextricablement liés à nous. Ce qu'ils voyaient, cependant, allait au-delà de la forme et des emplois commerciaux ou mécaniques, comme la production de nourriture ou de main-d'œuvre. Les animaux, comme toutes les parties de la nature, sont sacrés et nous aident à nous connecter au monde spirituel. Les chamans considéraient chaque créature à quatre pattes, à ailes ou à nageoires comme un maître divin lié à l'Homme.

Un totem est un symbole, un objet ou un être vivant vers lequel vous vous sentez attiré et qui a une signification dans votre vie. Il a du sens et vous voulez travailler avec son énergie pour imiter ses caractéristiques. De nombreux clans, groupes ou tribus ont un animal totem représentatif.

Les chamans étudiaient de près et respectaient chaque animal qui croisait leur chemin, leur fournissait de la nourriture ou leur enseignait une leçon précieuse. Ils portaient souvent des objets d'origine animale pour démontrer leurs liens avec une espèce spécifique, aussi pour en incarner les compétences et les énergies. Ainsi, une peau ou des plumes d'animal sont portées pour évoquer la puissance de chasse d'une bête ou la vision d'un oiseau. Ces objets sont sacrés et ne sont pas utilisés comme de simples décorations. Un collier de dents de jaguar ou une coiffe de plumes sont des symboles de respect et de statut qui indiquent la relation directe du chaman avec l'animal.

## Comment les chamans utilisent les totems

Les chamans travaillent avec les totems à la fois sur le plan physique et métaphysique. Cela signifie qu'ils établissent un lien à la fois avec la créature tridimensionnelle et son essence invisible et spirituelle. Ces totems servent de guides et d'esprits auxiliaires aux chamans lorsqu'ils traversent les mondes matériel et immatériel. Ils ont appris à exploiter les compétences particulières d'un animal totem pour leur travail chamanique. Par exemple, un chaman peut faire appel à l'énergie du jaguar ou de la panthère, un animal nocturne, lorsqu'il navigue dans le monde du dessous.

Grâce à l'utilisation rituelle de totems et de cérémonies, les chamans savent comment relier notre état de veille conscient à un état qui transcende les royaumes éthérés et invisibles. Les hommes et femmes médecine ont étudié des siècles durant les habitudes des animaux pour mieux les comprendre. Ils ont appris leurs mouvements, leurs habitudes, et même leur mode de communication, qui diffère de celui des humains. Grâce à leurs observations, ils ont compris et respecté les qualités particulières de chaque espèce. Ils ont vu le miracle de l'envol des oiseaux et ont considéré cela comme la domination de l'âme et du monde du dessus. Ils ont observé les loups chasser en meute et ont compris la valeur du travail d'équipe. Des saumons remontant la rivière, à contre-courant, ils ont appris l'importance de la persévérance.

Chaque élément de la nature a beaucoup à nous apporter, si nous apprenons à puiser dans son essence et à voir au-delà de la forme et de la fonction. Chaque créature possède son propre esprit et sa propre médecine, tout comme vous. En étudiant attentivement chaque totem, vous pouvez accéder à l'énergie, aux compétences et aux caractéristiques de tout animal et comprendrez comment le monde spirituel se manifeste dans votre propre vie.

## Cérémonie : Connectez-vous à votre animal totem

Commencez par poser quelques questions sur vos interactions avec divers animaux au cours de votre vie :

» Y a-t-il un animal, un reptile, un oiseau, un insecte ou une créature marine en particulier qui vous a toujours fasciné ? Quel(s) animal(aux) aimiez-vous lorsque vous étiez enfant ?

» Avez-vous des statues, des images, des sculptures ou des bijoux représentant des types d'animaux spécifiques ?

» Sur les réseaux sociaux ou Internet, certains types d'animaux attirent-ils votre attention, ou aimez-vous regarder certains types de vidéos ou de films sur les animaux ?

» Est-ce que vous voyez fréquemment une créature particulière lorsque vous êtes dehors dans la nature ?

» Avez-vous déjà été mordu, effrayé ou attaqué par un animal que vous avez croisé de près ? (Cette interaction physique est souvent un indice de la relation entre l'animal et vous. Les attaques d'animaux sont aussi une façon pour un chaman d'être testé, pour voir s'il peut survivre à l'attaque.)

» Y a-t-il une créature spécifique qui vous effraie ? (Habituellement, la peur d'un animal peut aussi nous renseigner sur les choses de notre vie que nous ne souhaitons pas voir.)

» Rêvez-vous souvent d'un animal en particulier ?

Une fois que vous avez une meilleure idée des types d'animaux qui vous intéressent ou avec lesquels vous avez été relié, vous pouvez entrer en méditation pour rencontrer l'un de vos animaux totems. Restez ouvert d'esprit pendant ce processus.

C'est votre animal totem qui vous choisit, et non l'inverse. Vous devez être attentif à ne pas appliquer certaines significations, jugements ou favoritisme à votre totem. Ne faites pas une fixation sur un animal pour renforcer votre ego, ou d'après vos préférences. Tant que vous restez neutre et ouvert énergétiquement à votre animal totem, le bon se présentera à vous et vous guidera.

Trouvez un endroit calme où vous ne serez pas dérangé pendant 15 à 30 minutes. Vous pouvez mettre de la musique douce en fond sonore ou utiliser un hochet ou un tambour pour un rythme lent.

Assis ou allongé, prêtez attention à votre respiration et passez quelques minutes à détendre le corps et à apaiser l'esprit. Visualisez-vous dans un endroit de la nature et cherchez un grand arbre aux racines profondes. Cherchez une ouverture à l'intérieur de l'arbre, où vous pourrez vous glisser.

Une fois à l'intérieur, vous aurez l'impression de traverser les parties intérieures de l'arbre. Descendez le long des racines et sentez qu'il devient légèrement plus sombre, comme dans un tunnel. Continuez à suivre cette direction, jusqu'à ce que vous aperceviez une petite lumière ou une ouverture.

Suivez la lumière et vous vous trouverez de l'autre côté d'un grand champ ou d'une prairie. Prenez un moment pour vous imprégner de la vue et des sons.

Asseyez-vous dans les herbes et les fourrés. Si vous voyez un autre arbre, n'hésitez pas à vous asseoir à côté de lui. Profitez de ce nouvel endroit dans la nature.

Tout en continuant à respirer lentement, gardez votre esprit clair, mais attentif à tout mouvement ou son. Souhaitez que votre animal totem vous vienne. Il peut apparaître lentement depuis les hautes herbes ou juste derrière un tronc d'arbre. Il se peut que vous ne voyiez qu'une ombre ou que vous entendiez un petit grognement, cri ou un son.

N'oubliez pas de regarder en haut et en bas. Lorsque vous avez repéré votre animal, établissez un contact visuel et échangez un regard respectueux. Notez sa taille, sa couleur et sa forme. Demandez si ce totem a un message pour vous ; si ce n'est pas le cas, permettez-lui simplement de retourner par-delà la prairie ou les ombres. Si vous n'êtes pas visuel, vous pouvez ressentir l'animal ou entendre son nom. Faites confiance à ce qui se présente.

Retournez à la bouche de l'arbre où vous avez commencé. Descendez le tunnel et revenez à votre point initial dans la nature. Remerciez votre animal totem de s'être montré à vous. Au fil du temps, en continuant à construire une relation avec votre totem, vous apprendrez à utiliser sa médecine pour améliorer votre propre vie.

## Autres moyens de se connecter à son totem animal

» Faites des recherches et étudiez-le pour connaître ses habitudes, ses qualités et sa situation géographique.

» Regardez des documentaires ou des films pour en savoir plus sur votre totem.

» Dessinez ou coloriez des images de l'animal que vous avez choisi. Placez des petites figurines ou des images de lui dans votre maison ou votre bureau.

» Chaque fois que vous croisez l'animal dans la nature, faites l'effort d'observer attentivement sa couleur, sa forme, ses sons et ses mouvements. L'observation et l'attention sont les formes les plus élevées de reconnaissance.

» Faites un don ou du bénévolat à une organisation environnementale qui aide à protéger votre totem.

» Partagez des histoires et des photos sur les médias sociaux pour sensibiliser et éduquer.

## Animaux de pouvoir vs esprits animaux

Dans de nombreuses cultures, les termes d'animal de pouvoir, totem et d'esprit animal sont interchangeables. Cependant, il existe des différences subtiles entre ces noms, qui peuvent également varier en fonction de la tradition.

Un animal de pouvoir se lie généralement à vous au moment de la naissance. Il vous servira de guide et de protecteur. Parfois, il partage les caractéristiques de votre personnalité et vos vibrations. C'est aussi une créature dont vous pouvez tirer de l'énergie, surtout en période de stress ou d'épreuves, il vous aidera à avancer.

Un esprit animal se déplace et change au fil du temps, en fonction de la situation. À différents moments de votre vie, vous pouvez avoir besoin de soutien différent. C'est là qu'un animal spirituel spécifique peut se présenter pour travailler avec vous. Cet animal spirituel attire l'attention sur les parties de votre vie qui nécessitent une action et une exploration. Il est là pour vous guider dans votre voyage et vous fournir des messages de guérison qui vous relient à votre esprit.

Les animaux totems représentent votre équipe d'animaux de pouvoir, spirituels et ceux auxquels vous faites appel pour travailler. Les animaux totems peuvent aussi vous apparaître comme une divination, pour vous envoyer un message. Ils sont parfois issus d'autres royaumes. Il est donc possible d'avoir une licorne pour animal de pouvoir – ces personnes ont toujours une énergie magique.

En découvrant l'essence de votre animal de pouvoir ou de votre esprit animal, vous pourrez alors bénéficier des dons et des compétences de cet animal. Par exemple, si votre esprit animal est un papillon monarque, qui parcourt près de 5 000 km chaque année pour rejoindre un climat plus chaud, le don qu'il partage avec vous est l'endurance.

Généralement, il est possible de travailler avec un ou deux animaux de pouvoir tout au long de votre vie, mais vous pouvez recevoir de nombreux esprits auxiliaires animaux à différents moments. La clé est d'interagir consciemment avec toutes les créatures miraculeuses qui vous entourent chaque jour et de les connaître.

## ANIMAUX TOTEMS CHAMANIQUES COURANTS

OURS : les ours sont de puissants symboles de courage dans l'adversité. Avec leur cycle d'hibernation, le totem de l'ours nous enseigne comment nous reposer et nous ressourcer pendant l'hiver. Ce sont aussi des parents très protecteurs.

LOUP : ce totem incarne la famille, la loyauté et l'appel de la nature. Les meutes de loups vivent en société sur leurs territoires de façon très structurée. Ils sont très intelligents et leur communication est complexe.

Le totem du loup peut nous apprendre la coopération et à nous exprimer pleinement.

JAGUAR/PANTHÈRE : animal généralement nocturne, ce félin aux lignes pures est au sommet de la chaîne alimentaire. Il se déplace sans effort et conserve son énergie lorsqu'il ne chasse pas. Sa mâchoire est extrêmement puissante. Il représente la férocité et nous apprend à nous battre pour ce que nous voulons.

SERPENT : créature très mal comprise, les serpents sont essentiels à l'environnement. Ils luttent contre les parasites et aident à maintenir l'équilibre de l'écosystème. Ils perdent leur peau, ce qui symbolise le fait de retirer ce qui n'est plus nécessaire de votre vie. Ce totem signale la renaissance et est un emblème ancien de guérison. Il est encore utilisé aujourd'hui dans la médecine occidentale comme symbole du caducée, ou deux serpents s'enroulant autour d'un bâton.

COLIBRI : ce tout petit oiseau vole sur de longues distances à la recherche de nectar. Il nous apprend à trouver de la douceur dans chaque situation. Il apporte joie, légèreté et espoir dans la vie.

AIGLE : prédateur suprême, l'aigle nous montre comment atteindre de nouveaux sommets. Cet oiseau a une vision très aiguisée et nous rappelle qu'il faut avoir une vue d'ensemble. Les anciens croyaient que cet animal était le plus proche du Créateur en raison de sa capacité à voler dans le ciel. L'aigle nous apprend à trouver notre moi le plus élevé en libérant ce qui ne nous sert plus et à cocréer avec l'univers.

# 14
# Pratiques chamaniques profondes

**Nous sommes nés dans une société programmée pour tout étiqueter : bon ou mauvais, juste ou faux, clair ou sombre. Nous, êtres humains, baignons dans l'illusion de la séparation. Les polarités – positif et négatif – nous poussent à rechercher la croissance et à atteindre des niveaux de conscience plus élevés. C'est le contraste entre la lumière et l'obscurité qui nous permet de vivre pleinement l'expérience de cet univers.**

Lorsque nous rejetons nos aspects les plus sombres et les plus bas – l'ego, l'ombre, les pensées et les émotions négatives –, nous nions une partie de nous-mêmes. Nous devons accepter ces aspects, car ils nous montrent où nous devons guérir. Nous sommes en quête d'équilibre entre l'ombre et la lumière, ce qui nous permet d'atteindre l'harmonie, la plénitude, la neutralité et l'unité.

L'ombre du moi fait partie de chacun d'entre nous. C'est une facette que nous avons réprimée dans notre inconscient. Les impulsions ou les qualités auxquelles nous ne semblons pas nous identifier, qui nous mettent mal à l'aise ou déclenchent une douleur, nous nous jugeons et nous repoussons involontairement ces aspects de nous-mêmes. Nous combattons, fuyons ou craignons tout ce qui est ombre. Nous nous accrochons à des croyances rigides et ne sommes pas ouverts à la nouveauté. Nous nous fixons des idéaux qui ne répondent pas aux besoins de notre être intérieur.

Le travail de l'ombre (ou *shadow work*) révèle l'inconscient en vous – amener la lumière dans l'obscurité pour atteindre l'alchimie. Vous n'accusez plus les circonstances extérieures, car les personnes et les situations dans votre vie sont toujours des miroirs qui servent à vous souvenir. Vous êtes capable de vous observer et de vous ouvrir à la compassion et au pardon, ce qui ouvrira votre chakra du cœur à l'amour inconditionnel et à l'alignement divin.

Quand vous assumez à 100 % vos pensées, émotions, actions, paroles, relations et expériences de vie, vous lâchez ce qui ne vous sert plus. Cela vous permet de retrouver des parties de vous cachées et inaccessibles auparavant. Le travail de l'ombre, la coupure de cordon et le voyage chamanique sont des moyens de rappeler à vous des parties fragmentées de votre être. Vous acceptez, aimez et ramenez vos facettes reniées – les morceaux perdus de votre âme. En prononçant des décrets et des prières, vous énoncez vos intentions et vous vous alignez sur votre pouvoir auto-souverain. Ces pratiques soutiennent les initiations chamaniques dans votre cheminement de connexion à votre âme.

## Le travail de l'ombre

Nous avons tous des parts d'ombre, et le moi d'ombre a de nombreuses facettes. C'est la partie en vous qui génère tant de peur du changement et de la nouveauté que vous ne vous lancez jamais, ou que vous n'allez pas au bout de ce que vous avez entrepris. C'est cette partie en quête d'attention et de reconnaissance pour des raisons égoïstes, ou la partie de vous qui tamise votre lumière et a peur de briller. L'ombre nous maintient dans une boucle continue d'autosabotage. Nos jugements intérieurs nous enferment dans la honte et la culpabilité de ne pas suffire, d'être trop, ou de ne pas être ce que nous pensons que les autres attendent de nous.

Le moi d'ombre juge et critique tout. Lorsque nous portons des jugements sur les autres, nous n'acceptons pas leur vision des choses, nous ne leur permettons pas d'être tels qu'ils sont, dans leur parcours unique, et nous les rejetons. Quels que soient vos déclencheurs les plus profonds, ceux qui créent une résistance en vous, les choses qui vous dérangent et que vous jugez chez les autres – les déclencheurs qui vous mettent en colère, vous répugnent, vous frustrent et perturbent votre paix intérieure –, ce sont les aspects non guéris que vous rejetez comme faisant partie de vous. Comme le dit le proverbe : « Ce à quoi nous résistons persiste. » Par exemple, si nous ne faisons pas le travail intérieur sur la jalousie, elle aura tendance à surgir encore et encore.

Nous repoussons ces choses parce que, à un moment donné, elles nous ont blessés ou traumatisés. Il peut s'agir d'un abus sexuel, d'une manipulation, d'un accident de voiture ou du sentiment d'avoir été mal aimé pendant l'enfance. Comme mécanisme d'adaptation, nous renions les émotions provoquées par le traumatisme et les refoulons dans l'inconscient. C'est pourquoi notre culture a tant de peur, de culpabilité et de honte.

Le trauma entraîne une peur et une culpabilité sous-jacente pour des événements qui se sont produits dans le passé. Nous avons honte parce que nous sommes honteux de ce que nous réprimons.

Lorsque vous vous engagez dans un travail d'ombre, vous pouvez utiliser vos déclencheurs comme des outils et des points d'accès pour découvrir les raisons profondes pour lesquelles ils vous dérangent. Ce qui vous dérange montre un aspect sombre de vous-même. Vous observez vos réactions et vos pensées ; vous accueillez ces sentiments en tant que témoin neutre et compatissant et vous vous posez des questions telles que :

» Qu'est-ce qui vous a dérangé dans cette situation ?
» Avez-vous quelque chose de non résolu vis-à-vis de ce problème ?
» Qu'est-ce que vous refoulez ?
» Pouvez-vous accepter que ce soit aussi une facette de vous ?
» Que pouvez-vous apprendre de cette facette ?
» De quoi pouvez-vous vous défaire ?

Lorsque vous commencez le travail de l'ombre, il se peut que vous ne réalisiez pas tout de suite que vos réactions sont déclenchées par ces malaises. Les réponses émotionnelles traumatiques sont souvent brutales : nous disons des choses méchantes, nous nions et nous projetons en accusant le comportement de l'autre. C'est un appel à l'aide de notre enfant intérieur blessé qui a besoin d'être guéri. Reconnaissez les schémas dans votre façon de réagir et de vous comporter. Entraînez-vous à prendre du recul et à vous observer face aux sujets sensibles, puis allez à l'intérieur de vous-même et faites un travail d'ombre. Reconnaissez et honorez tous les aspects qui sont en vous. Ainsi, vous pouvez transmuter et intégrez l'énergie chargée en énergie neutre.

Votre réalité est toujours un miroir pour vous, qui vous renvoie et vous montre ce que vous devez voir de vous-même. Ce miroir reflète les parties qui ont besoin d'être aimées et reconnues. En connaissant son être intérieur, on peut cesser de se juger et de projeter, et guérir le traumatisme en soi par le calme et à la neutralité face à quelque chose qui a une charge émotionnelle. Retrouvez l'amour et la compassion pour vous-même et pour les autres. Ces vibrations ont l'immense pouvoir de vous guérir et de vous transformer, et ainsi d'élever le monde qui vous entoure.

## Faire entrer la lumière

Votre ombre peut cacher vos plus grands dons et vos traits positifs : votre capacité à inspirer, votre créativité, vos dons de guérison, vos qualités de meneur, votre aptitude à communiquer, votre médecine unique. Lorsque vous commencez à accéder à la sagesse qui se cache sous la douleur et les ombres qui résident en vous, la lumière commence à briller. Vos blessures peuvent devenir votre meilleur remède. Pour connaître votre moi intérieur, vous entrez avec compassion en vous et observez tous les aspects de votre personne, pour trouver une source d'alignement et d'authenticité où vous savez vraiment qui vous êtes et où rien d'extérieur ne peut vous décentrer de votre objectif. Vous commencez à diffuser votre lumière intérieure dans le monde.

Permettre à quelqu'un d'être lui-même ne signifie pas que nous soyons d'accord et que cela corresponde à notre vérité personnelle. Nul besoin de l'attaquer ou le ridiculiser, il se peut même que nous continuions à l'apprécier. Nous lui permettons d'être qui il est sans étiquette ni jugement. La diversité implique que nous ne sommes pas tous pareils. Pratiquer la neutralité, c'est permettre aux autres d'avoir leurs propres opinions et expériences sans réaction ni jugement. Observer à partir d'un état de calme intérieur libère l'énergie mentale et émotionnelle. L'incarnation de la neutralité et de l'équilibre énergétique est synonyme de liberté et vous donne accès à votre savoir le plus profond, à la clarté, aux réponses et à votre conscience supérieure. Centrés, nous pouvons aimer tous les aspects de nous-mêmes et des autres, c'est la transformation de l'ombre en lumière et la véritable libération. Nous passons de la séparation à la conscience de l'unité.

Lorsque vous priez assis dans une cérémonie, en méditation, ou dans la nature, vous pouvez demander à être guidé sur ce que vous voulez apprendre sur votre ombre. Vous évaluez ce que vous projetez sur les autres. Vous pouvez être témoin, reconnaître et libérer ces blessures et traumatismes ; vous libérez les histoires que vous vous racontez, ce qui ne vous sert plus, et les lignes temporelles où la blessure a été créée ou bien où la programmation a eu lieu. Exercez-vous à rappeler toute votre énergie dans votre champ aurique – visualisez, ressentez et sachez que votre énergie vous revient. Ressentez la solidité impénétrable de votre corps énergétique – sachez que vous êtes entier et parfait.

Lorsque vous reconnaissez toutes les parties de vous-même avec compassion et amour, vous appelez la guérison dans votre aura et votre âme. C'est une façon pour vous de récupérer des morceaux de celle-ci.

Lorsque ces parties d'âme vous reviennent, intégrez-les en les voyant et en les honorant ; en les laissant faire partie de vous. Lorsque vous récupérez ces fragments perdus de vous-même (les parties inconscientes et rejetées), vos corps énergétiques s'activent et votre vibration s'élève, vous vous alignez plus profondément avec votre moi intérieur et votre esprit.

# Prières et décrets

Les prières, invocations et décrets sont d'autres moyens de transmuter l'ego, les blessures, les traumatismes et l'ombre, et de faire entrer la lumière – en vous alignant sur votre essence divine et expression supérieure. Prononcer ce que l'on veut permet de nettoyer les énergies et de les déplacer. Ainsi, vous activez votre champ énergétique et votre ADN. En énonçant et en incarnant vos intentions, vous vous connectez à des fréquences et des niveaux de conscience supérieurs.

## Se préparer à formuler son décret

En prononçant ces mots, la cohérence cardiaque est essentielle (voir page 60), car elle vous permet de ressentir et de vous aligner sur votre puissance supérieure. Nous créons notre réalité par le biais de sentiments sincères et d'émotions positives. Lorsque vous répétez le décret, si vous vous sentez triste, effrayé, en colère, ou tout autre sentiment qui se présente, ressentez-les et ramenez-les dans la neutralité. Si vous sentez des cordons énergétiques entre vous et la personne, vous pouvez les couper (voir page 61). Lorsque vous avez terminé, scannez votre corps et déterminez si des émotions inférieures doivent être transmutées. Vous devriez vous sentir plus léger et calme.

Continuez à réciter les mots jusqu'à ce que vous puissiez faire entrer le pardon, la gratitude et l'amour.

Réfléchissez à la personne, à la situation ou au trait de caractère que vous souhaitez changer. Ces mots du cœur génèrent la purification et la transformation.

Ne vous inquiétez pas de savoir si vous le faites « correctement » – ce sont des suggestions, vous pouvez trouver vos propres mots. Concentrez-vous sur la personne, la blessure, le traumatisme, la situation, l'énergie que vous voulez appeler, et prononcez les mots.

### Purifier les relations

______ (Nom de l'autre personne) Je libère tous les ressentiments et jugements à ton égard dans toutes les vies.

Je demande la guérison, je me pardonne et je te pardonne.

Je déclare que nous sommes en harmonie l'un avec l'autre, je t'aime.

Merci, et ainsi soit-il, Aho

### Purifier vos aspects d'ombre

________ (Autosabotage)

Je n'ai plus besoin de toi comme mécanisme de protection.

Je libère la blessure qui m'a fait me sentir indigne.

J'apporte la lumière et la guérison à cet aspect de moi-même.

Je m'aligne maintenant sur ma conscience supérieure.

Merci, et ainsi soit-il, Aho

### S'aligner à sa conscience supérieure

______________ (J'appelle les plus hauts niveaux de lumière dans mon être)

Je suis en alignement avec ma divinité intérieure et ma conscience supérieure.

Je suis souverain·e et guidé·e par la vérité de ma mission d'âme.

Je déclare que je suis au service de ma Source la plus élevée.

Merci, et ainsi soit-il, Aho

Une fois vos décrets prononcés, vous vous êtes élevé et avez créé le changement. Les domaines sont infinis (traumatismes ancestraux, guérison des vies antérieures, karma, problèmes émotionnels, peurs, maladies, etc.) et vous pouvez nettoyer toutes les vies, ce qui vous alignera sur votre ligne de temps la plus élevée. Si quelque chose de nouveau se présente à vous, vous avez les outils pour vous guérir. Il est magique de voir les bienfaits se déployer dans votre vie, du sentiment d'unité et de connexion, à l'ouverture du cœur et à la capacité à manifester vos rêves. Vos relations changent. Votre vie est plus facile et joyeuse. Formuler vos prières et vos décrets quotidiennement est un moyen de vous renforcer. En apportant plus de lumière spirituelle dans votre monde, vous vous connectez à votre objectif supérieur.

# Divination chamanique

Nous sommes interconnectés avec tout ce qui nous entoure. La divination chamanique est un moyen d'obtenir réponses, conseils et informations du monde des esprits. Elle peut se faire en y voyageant, mais aussi dans le monde du milieu par le biais de nos interactions avec les animaux, les plantes, les esprits de la nature, les nombres et les signes qui nous entourent.

Le Divin choisit toujours des moyens de communication que nous pouvons décoder. À travers les signes, symboles, synchronicités, rêves, métaphores, nombres et miroirs, le monde nous guide, nous enseigne et nous aide à guérir. Plus on est présent, conscient, et aligné sur la cohérence cœur-cerveau, plus on peut puiser dans sa vérité et recevoir ses réponses.

L'esprit conscient est logique et analytique, tandis que l'esprit inconscient ne fait pas la différence entre la fantaisie et la réalité. C'est pourquoi l'inconscient réagit si bien à la cérémonie et pourquoi la cérémonie est si puissante pour notre psyché. Les esprits communiquent avec nous de diverses manières abstraites et symboliques, en fonction de ce que nous sommes prêts à recevoir. Si vous prêtez attention, vous apprendrez à comprendre les messages et les synchronicités. Notre monde entier peut devenir un oracle.

## Marche-oracle chamanique

Déterminez votre intention ou votre question. Posez-la à l'univers et demandez des signes. Allez marcher et prêtez attention à tout ce qui vous apparaît : animaux, signes, numéros sur les voitures ou les maisons, ou sons que vous entendez. Soyez présent à vos intuitions. Une fois votre intention posée, tout ce qui entre dans votre champ de conscience peut vous donner des informations et vous guider. Concentrez-vous sur votre respiration et restez pleinement présent à ce qui arrive à vous. Il peut s'agir d'un oiseau, d'un symbole ou d'un chiffre. Parfois, une plaque d'immatriculation vous donnera une séquence de chiffres dont vous savez intuitivement qu'elle est une guidance. Si vous voyez quelque chose, un animal ou des chiffres, allez à l'intérieur de vous pour déterminer quel est le message qui vous est destiné ou vous pouvez rechercher le symbolisme (il existe de nombreux livres ou sites web sur la numérologie et le symbolisme animal). Soyez patient, car cela peut demander de la pratique. Vous commencerez à vous immerger dans l'interconnexion de toutes les choses.

# La médecine du papillon

Tout est vivant, tout a un esprit ; par conséquent, tout est sacré. C'est en gardant ce caractère sacré en vous et dans votre vie quotidienne que vous vous engagez dans la pratique du chamanisme et que vous apportez la guérison. Cette vision du monde peut vous apporter beaucoup de réconfort. Lorsque vous savez que vous n'êtes pas seul, que vous avez un but plus élevé et que vous êtes une partie vitale de la Terre, vous avez un sentiment d'utilité et d'ancrage.

Au cours de ma première année d'études chamaniques formelles, nous avons fait un voyage chamanique pour retrouver un animal spirituel qui nous aiderait dans notre guérison. Pendant mon voyage, j'ai essayé de rejeter la chenille. Je voulais un animal et non un insecte. Et je voulais quelque chose de plus prestigieux. Je me demandais pourquoi je ne recevais pas un autre animal qui, selon moi, était censé venir. La chenille n'a pas renoncé et aucun animal n'est venu la remplacer.

Chaque fois que je reçois un nouvel animal totem (voir page 167) dans ma vie, il y a toujours un message et un remède pour moi. Surtout lorsqu'il apparaît au moment idéal pour m'apporter de la clarté ou lorsqu'il est si inattendu qu'il me secoue et attire mon attention sur quelque chose. J'ai donc fait des recherches sur la chenille, et j'ai passé du temps à approfondir et à comprendre le processus de la chenille.

Une chenille n'a pas conscience du voyage qui l'attend. Lorsqu'elle consomme suffisamment d'énergie, elle construit une chrysalide : elle se débarrasse de sa couche externe de peau et la chrysalide durcit, formant une enveloppe extérieure résistante. À l'intérieur, la chenille se métamorphose et finit par émerger. Elle n'est pas consciente du processus qu'elle traverse. En tant que papillon, elle déploie ses ailes et s'envole librement vers une toute nouvelle vie – une vie qu'elle n'aurait jamais pu imaginer auparavant.

Lorsque nous considérons le parcours d'une chenille qui devient papillon – la métamorphose et la transformation qui surviennent après l'initiation –, cela nous apprend beaucoup sur la vie. En nous engageant dans le travail chamanique, nous faisons l'expérience de ce processus à plusieurs reprises, alors que nos anciennes structures et façons d'être s'éliminent et que nous renaissons dans une nouvelle vie.

J'ai compris que la chenille avait tant à m'apprendre sur mon chemin.

Comme beaucoup de gens, je guérissais de traumatismes intenses et j'avais d'énormes craintes à l'idée de faire confiance aux autres et à moi-même. La médecine de cet insecte duveteux me montrait que la réalité dans laquelle je me trouvais n'était pas ma destinée et que je devais passer par un processus de transformation et de renaissance. C'était un guide pour me permettre d'aller à l'intérieur de moi, de laisser le passé et de me débarrasser de ma peau lorsqu'elle ne me servait plus.

La chenille accepte les changements avec foi. C'est une expérience puissante et symbolique pour moi, car en poursuivant mon parcours, des chenilles apparaissaient toujours aux moments importants, lors de changements de vie et de mes initiations chamaniques.

L'étape de la chenille représente le travail de l'ombre, le monde inférieur de l'inconscient et l'initiation chamanique.

Le papillon nous apprend à avoir une foi totale dans le voyage et les changements dans notre corps et notre vie. Il nous montre comment vivre le moment présent avec joie et légèreté. Il ne craint pas le changement et ne s'inquiète pas du passé ou de l'avenir. Il est le symbole de l'âme et de la connexion universelle.

La médecine que la chenille m'a apportée m'a permis de m'adoucir un peu plus, de faire confiance à mon processus. Elle m'a aidée à savoir que c'était normal de ne pas savoir comment les choses allaient se dérouler. Et je me suis rappelée qu'un jour ou l'autre, je déploierai mes ailes et m'envolerai vers un nouveau monde brillant.

*Le papillon est la preuve que l'on peut traverser*
*l'obscurité et pourtant devenir*
*quelque chose de beau.*

—Anonyme

# Sources


## Chapitre 2

Markowski, George. "Information Theory." *Encyclopedia Britannica*. https://www.britannica.com/science/information-theory/Physiology#:~:text=In%20other%20words%2C%20the%20human,only%2050%20bits%20per%20second.

## Chapitre 3

"Quick Coherence® Technique." HeartMath is a registered trademark of Quantum Intech, Inc. For all HeartMath trademarks, go to www.heartmath.com/trademarks.

## Chapitre 4

Inlak'ech, Diana Quinn. "Why Ancestral Healing?" June 14, 2017. 2www.drdianaquinn.com/blog/j5emle8xzbc5y6jxcezx66cxhxnda7.

Kagey, Emily. "'Junk DNA' Isn't So Useless After all." April 11, 2018. www.futurity.org/junk-dna-1728712.

## Chapitre 13

Kingston, Karen. *Creating Sacred Space with Feng Shui*. New York: Broadway Books, 1997.

# Remerciements

Cela a été un honneur et un privilège d'écrire ce livre. Je suis reconnaissante envers toutes les âmes qui ont croisé mon chemin – chaque personne qui a fait partie de mon voyage avait quelque chose à m'apprendre et a contribué à ma croissance.

J'aimerais remercier de tout cœur mes frères, Corey et Adam, et mon père, Tim, qui n'ont pas pu guérir de leurs addictions dans cette vie. Ils ont été mes plus grands professeurs et aides depuis l'au-delà.

Je remercie Johnny pour tout son amour et son soutien et d'être mon roc. Je remercie toute ma famille pour son amour inconditionnel – ma sœur, Amanda, d'être une amie sage et un miroir ; mon frère, Zack, pour sa résilience ; et ma mère, Laurel, pour son cœur pur et ses rires. J'aimerais également remercier mon yorkshire, Zeus, pour son esprit enjoué et ma cousine, Melanie, de m'avoir toujours encouragée.

Je ne serais pas en mesure de faire ce que je fais sans l'amour et le soutien de la communauté Shaman Sisters. J'ai toujours été reconnaissante d'avoir une plateforme qui me permet d'atteindre des personnes dans le monde entier. Qu'il s'agisse d'une commande en ligne, d'un client en magasin, d'une cérémonie, d'un cours ou d'une séance de traitement, je ressens une profonde humilité de la chance que vous me donnez d'être à votre service. Ce livre n'aurait pas vu le jour sans vous et je ne saurais trop vous remercier de votre confiance.

J'ai une immense gratitude envers Jill Alexander qui a cru en moi et au chamanisme, pour sa sagesse et pour avoir fait de mon rêve d'écrire ce livre, une réalité.

Je tiens à remercier toute l'équipe de Fair Winds Press d'avoir fait de ce processus un véritable plaisir. Merci à Jenna Patton, pour son intelligence et pour m'avoir guidée tout au long ; à Karen Levy, pour son organisation ; à Nyle Vialet, pour son ouverture d'esprit et sa capacité à tout rassembler ; à Heather Godin, pour son sens artistique ; et à Lydia Anderson, pour ses conseils et son aide à la diffusion du livre.

J'aimerais également remercier l'équipe de conception et toutes les personnes du Quarto Group qui ont joué un rôle dans la réalisation de ce livre. J'apprécie tout le travail et la collaboration qui ont permis cette création.

Roberta Orpwood a contribué à faire de ce livre quelque chose de spécial grâce à sa magnifique créativité et à ce que son travail transmet. J'ai beaucoup de chance de l'avoir comme illustratrice. Je suis reconnaissante à Nikolina Zelic d'avoir pris les superbes images – j'ai vraiment apprécié de les créer avec toi !

Je suis profondément reconnaissante à l'équipe de Shaman Sisters : votre passion pour créer un changement positif et une guérison dans le monde est inspirante. Depuis nos bijoutiers qui fabriquent à la main et avec intention tout ce que nous faisons jusqu'à notre équipe du service client qui est fière de son travail et qui le prend à cœur. Merci ! Je suis incroyablement honorée d'être entourée d'une équipe qui s'efforce d'incarner l'unité, d'avoir des normes élevées et d'aimer ce qu'elle fait – Tiffany, Jen, Vanessa et Eva. Merci, mes sœurs, pour tout ce que vous apportez à notre communauté. Je tiens à remercier tout particulièrement Alice, pour son soutien et ses idées. Tiffany, pour ta créativité. Merci, Alexa, de faire partie de l'équipe des Shaman Sisters et pour tes superbes images. Schara, merci pour ta magie.

Je sais que lorsque les femmes affirment leur pouvoir, elles inspirent d'autres femmes à en faire de même. Lorsque les femmes célèbrent sincèrement les succès des unes et des autres, elles se libèrent des générations de programmes – la sororité est sacrée. Avoir dans ma vie des femmes fortes qui me voient, me font de la place, m'aiment et m'honorent a été un vrai cadeau. À mes incroyables âmes sœurs : Francie, Katica, Amanda,

Kelly, Amber, Jacqui, Alice, Melanie, Carly, Stacy, et à ma sœur de naissance, Amanda – merci de faire ce voyage avec moi. Je t'aime.

Aux maîtres et enseignants qui ont guidé mon chemin, notamment Janet, Gael, Marylin, Mario, Ginny, Andrew, Arianna et Alice : votre présence m'a aidée à guérir et a façonné qui je suis. J'ai tellement de respect, d'amour et de gratitude pour vous. Merci au Grand Esprit et à ma conscience supérieure pour l'une des plus belles initiations de ma vie.

Merci à mes ancêtres pour leur aide et leur présence depuis l'autre monde. Merci aux gardiens pour votre amour et votre protection. Merci aux esprits des plantes, aux animaux et au monde naturel pour vos enseignements et vos synchronicités.

Je voudrais saluer les magnifiques peuples indigènes, les peuples des Premières Nations et les Tribus. Je vous honore et vous remercie de partager votre sagesse et vos enseignements sacrés. Une partie des recettes de ce livre sera reversée aux communautés indigènes.

Merci, je vous honore, je vous aime, Aho.

# À propos de l'auteure

Rebecca Keating est la créatrice de Shaman Sisters®, un site web international dont l'offre en cristaux, bijoux en pierres précieuses et autres outils sacrés, se distingue par sa qualité. Elle a travaillé comme infirmière diplômée dans de nombreux domaines, notamment comme formatrice et directrice des soins avant de fonder Shaman Sisters.

Rebecca s'est immergée dans les études chamaniques de nombreuses traditions, notamment le chamanisme celte, andin, toltèque et inca, et elle est porteuse de mesa dans la tradition Q'ero. Elle s'est formée auprès d'enseignants du monde entier et de guérisseurs et chamans indigènes en Amérique du Sud.

Rebecca est praticienne chamanique, lithothérapeute, praticienne HeartMath, facilitatrice de danse extatique, praticienne de la guérison par le son et praticienne Kambo.

La boutique de cristaux de Shaman Sisters est située à Port Credit, au Canada. C'est aussi le siège de The Aura Room, un espace sacré où Rebecca propose sa pratique de guérison privée. C'est un lieu d'événements communautaires, de formations et d'ateliers, de cérémonies chamaniques et d'offres en ligne.

Rebecca honore l'interconnexion et a un profond respect pour la Terre et toutes ses créatures : plantes, animaux, éléments et humains. Elle soutient avec passion les groupes marginalisés, les tribus, les projets et les artistes indigènes au niveau local et international. Elle est passionnée par le fait de rendre service et de guider les autres pour qu'ils se connectent à leur Source intérieure et réalisent leurs dons et leur plein potentiel.

Shaman Sisters est un mouvement qui réunit des communautés du monde entier. Ensemble, nous pouvons élever la fréquence vibratoire de la planète.

Écrivez-nous à @shamansisters.

# À propos de l'illustratrice

Roberta Orpwood est une artiste professionnelle visionnaire, maître enseignante de Reiki et guérisseuse chamanique par le son et l'énergie, qui travaille dans son studio privé et son cabinet de thérapie dans le sud-ouest de Londres.

Ses aquarelles délicates sont influencées par son amour de la beauté naturelle, de la figure féminine, de l'esprit de la nature et du mystère de l'âme humaine. Ses créations sont principalement figuratives et expriment la beauté au-delà des limites du corps physique. Elles représentent le féminin divin qui réside en chacun de nous, et ses compositions sont souvent inspirées par les visions qu'elle reçoit au cours de ses voyages chamaniques et de sa pratique de la méditation. Elles incluent non seulement des déesses, mais aussi des esprits animaux, des guides, des élémentaux et des portraits d'âmes, sur les thèmes de l'amour, de la guérison et du pouvoir personnel.

www.soulbirdart.com

# Index

## D



## E



## F



## G



## H



## I



## J



## L



## M

## N



## O



## P



## Q



## R

## S



## T



## V